卖柠檬水的小女孩

—加拿大奶爸札记

北美之北 著

First edition
Editing and design by Qinfeng Zhang
First printing March 2020
Published by Comte Barcelona

ISBN: 978-84-121877-2-4(Paperback Edition)
ISBN: 978-84-121877-3-1(Digital Edition)
Visit https://comtebarcelona.com

书名：卖柠檬水的小女孩：加拿大奶爸札记
著者：北美之北
版次：2020年3月第1版
编辑和排版：张秦峰
出版发行：巴塞罗那伯爵出版社

ISBN: 978-84-121877-2-4(平装版)
ISBN: 978-84-121877-3-1(电子版)
详情可访问网站：https://comtebarcelona.com

目录

写给女儿的书

　　女儿差不多三岁半的时候，某线上写作平台发起了一个活动，邀约新手爸爸们用文字记录孩子的成长，每周一篇。正好此前不久我拿起已经放下多年的笔，重新开始写作，商业、美食、历史、时评，都有涉猎，写女儿的故事当然也是一个很好的题目。于是就写起来。我写作的兴趣几度变化，主题渐渐集中到美食文化上面，但写我家小姑娘的故事已经成了习惯。如今她已经六岁了，两三年下来，虽没有严格做到每周一篇，也积攒了二十多万字。这些短文记下了女儿成长的点点滴滴、我们一家人的生活、对中国与加拿大育儿方面差异的观察、对教育一鳞半爪的思考。

　　这些随时有感而发的文字，得到文友格列柯南的青目，约我整理出其中一部分，由他在西班牙创立的巴塞罗那伯爵出版社结集出版。初得此讯息，我不禁有些惶恐——这些私人色彩很浓的文字会有读者吗？惴惴之中，我开始整理文稿，也是第一次以读者的眼光来审视自己写下的这些长篇短章。

　　我想象中的第一个读者是若干年后的女儿。我的文字最早的读者几乎都是家人朋友。有一次，二嬢跟我说，这些文字留下来，以后等女儿长大了给她看，"才安逸哦"。我听了心头一楞，还真是的，因为女儿还很小，以前只想到自己写，从没想过有一天可以给她看。前一阵子，我写的美食系列在校友群里得到一位师姐的赞赏，说每天晚上读给她的女儿听，还录了她女儿的音频发给我，小朋友催我快写。她的女儿比我家小姑娘大不到一岁。听了这话，我更希望今后某一天把这本书送给女儿，她可以看看小时候的她说过多么有趣的言语，我几乎知道那将是怎样一个欢乐的画面。

　　第二群读者就是朋友圈里的家人朋友以及一直以来关注我公众号和简书

号的朋友。不论视频还是文字，童言童趣，总是能引起成年人的兴趣，博人一乐。乐过之后，还有人追着看，时不时留言评论，这就是对作者最大的褒奖。那位师姐就是其中之一。或许是因为我们两家的孩子年龄差不多，一个在国内一个加拿大，我写的加拿大故事常引起她跟国内的情况进行比较，由此引出一些讨论，群里也变得热闹起来。一位前辈，1980 年代任新华社记者，后移居加拿大投身市场研究。他的一双儿女都已经长大成人，不知道是不是我家小姑娘的故事勾起了他对自家儿女的记忆，他竟成了小姑娘的忠实"粉丝"，常留言问我"这事小姑娘怎么说"，并一再要求如果我得了稿费必须分一半给小姑娘。

还有一类读者，他们让我意识到那些我不以为意的小事却常会使不同生活环境中的人觉得眼前一亮。《小手老茧》一文记录了我家小姑娘在幼儿园攀高下低把手磨出茧子的事。于我，这十分寻常，但文章发表后引起了国内许多朋友的反馈。任由孩子放飞他们的天性，在国内的幼儿园和学校已经越来越难得。不只是课业压力，老师和校方也担心安全责任。一位大学师兄看了此文深有感触，告诉我他上初中的儿子居然因为课间休息时在楼道里跑了两步而被老师要求写检查。做小学老师的表妹也感慨，不是老师不想让孩子们动起来，实在是有无法言说的苦衷。江苏省妇联主办的家庭生活类杂志《莫愁》长期关注教育问题，小乔编辑看到此文，主动与我联系要求转载，此后又有几家杂志转载了此文。这进一步让我感到，小姑娘成长中的那些我已经习以为常的事情也许可以为国内的父母们提供一个借鉴。

除了儿童教育，一些读者还借我的只言片语去了解他们日常生活圈子之外的世界。有一位读者，几年来我的每一篇文章他都读，每一篇都点赞，有时还会留言和赞赏。我忍不住发信给他，向他表示感谢。他告诉我，他生活在一个小地方，没有力量离开家乡，每天面对的各种鸡毛蒜皮和家长里短让他厌倦，而他对文学的爱好、对外面世界的向往在亲友中没有人能够理解。我记录的那些事，不论是小姑娘的故事、北美美食、文化还是商业观察，都离他很遥远，但正是这种距离之外的远观让他看到了"灿烂多彩的异国风情"，令他"脑洞大开"。我的文章能起到这样的作用，完全出乎我意料之外。这又让我想起了"世界是平的"那句话，即便现实世界不是真的平，人与人之间，心与心之间，应该是的。

　　给女儿的这些文字，我还会继续写下去。如果我这些文字还能做块小石头，或者土坷垃，把什么地方的坑坑洼洼垫平一点，那更是我莫大的荣幸。

借本书出版之机，谨此向家人、朋友和所有支持我的读者致谢。

北美之北

2020 年 3 月 8 日

于加拿大安大略康山寓所

春天的那些鸟事

早春，积雪融化之后一件重要的工作就是清理花园，枯枝败叶之外还总会有些意外。这次是天蓝色的鸟蛋，已经破了，只有两片碎片，无精打采地跟去年秋天萎缩掉的芍药枝干、从五米外飘过来的泛黄的松针、一些卷曲得看不出本来面目的枫叶挤在一起，还被泥土玷污了本来十分纯粹的蓝色。

这个季节，知更鸟该已经在树枝上做好了窝，蛋却多半还没孵出来。有一年夏天我在后院的两棵松树之间挂了张吊床，跟我家小姑娘在床上晃着，突然间看到树枝上鸟窝里伸出来几个毛茸茸的小脑袋，张大了嘴，一只大鸟飞过来给小鸟喂食，嘴对嘴。那是盛夏，小鸟还不会飞，所以早春的这个周末我在地上看到的破碎蛋壳多半是贪嘴的浣熊或是贪玩的松鼠干的好事。

我把手机上的蛋壳照片拿给小姑娘看："你看这是什么？"

"*Easter egg!*"（复活节彩蛋）小姑娘不假思索。因为复活节刚过，扮成兔子提着篮子去寻找涂成各种颜色的彩蛋是这个春天的节日里最吸引孩子们的游戏。

"不是的，"我说："这是真的蛋，是 *Robin* 的蛋。"（知更鸟）

"为什么是蓝色的？"

"漂亮吗？ *Robin* 的蛋就是蓝色的。"

小姑娘继续追问："那 *Blue jay* 的蛋是蓝色的吗？"知更鸟的背是黑色的，腹部是偏橘黄色的褐色，怎么都跟蓝色的蛋扯不上关系。*Blue jay* 中文译作蓝松鸦，则是一种蓝冠蓝尾巴的漂亮小鸟，虽不如知更鸟随处可见，在多伦多也时常出现在人们的视野中，北美职业棒球联赛的多伦多球队就以此为名。对颜色超级敏感的小姑娘故而有此一问。

"我还真不知道 *blue jay* 的蛋是什么颜色。我们来查一下吧。"上网一查，果然也是蓝色，不过却比知更鸟的蛋个头大。

我把网上找到的图片给她看："你看，*blue jay* 的蛋比这个大，这是 *robin* 的蛋。"

她看看图片，再回过头看我手上的蛋壳碎片："可是已经破了。"

我说："估计是被浣熊吃了。"

这时候她妈妈也凑了过来："哎哟，好可怜。"

"也许鸟宝宝已经破壳出来了。"小姑娘突发奇想。

比之每天都在我家院子里上窜下跳的知更鸟，跟"红衣主教"同名的红衣凤头鸟 *Cardinal* 则要神出鬼没得多。有一对几乎每天都来，但常常只听见它们婉转的鸣叫，追出去的时候却已经不见了踪影。*Cardinal* 不是候鸟，冬天也不会离开，不过昼短夜长的时节像我们这样早出晚归的上班族哪有机会看到它们？所以每当 *cardinal* 清脆的声音在窗外响起，也差不多是春天了。

这天 *cardinal* 来的时候正巧我在厨房对着窗户的地方干活："快来看，*cardinal* 来了。"

"在哪儿？"

"在椅子上，快去看。"

小姑娘连忙扔下她的玩具跑到窗口："我看见了，它飞到树枝上去了。"

"漂亮吗？"

"红色和黑色的。"

我有点迟疑："不是红色吗？哪里有黑色？"

她十分肯定地说："脖子那里是黑色的。"

我一想："还真是，你观察得真仔细。"

当然不是所有鸟都会飞到我家后院，加拿大鹅 (Canada goose) 就不会。春天，它们从南方长途跋涉回来，找一个熟悉的地方做窝，小鸟则必须在秋天来临之前学会飞翔的本领。同样是候鸟，比加拿大鹅体型硕大得多的天鹅数量比较少，却十分"霸道"。这天我们来到附近一个小池塘边，正看见一只天鹅在"捍卫"自己的"领水"，把"入侵"的加拿大鹅追赶得四处逃窜。

"天鹅好凶。"我说。

小姑娘问："它为什么把 *Canada goose* 赶跑了。"（加拿大鹅）

"可能这是它的家。"我随口瞎编。

"它为什么不喜欢别人来它家？"

我还没来得及回答，小姑娘已经自己给出了答案："*Maybe he doesn't want them to bother his babies.*"（可能他不想他们打扰他的宝宝）。

伴着春风长大

多伦多的春天总是姗姗来迟，今年尤甚。四月中旬了，家里还开着暖气，出门照旧裹着羽绒服。雪总算是化了，满眼却没有一丝绿意。试了几次想把圣诞节插在门口的装饰彩灯收起来，泥土冻得发硬，拔不动。

这个星期六气温一下子升了起来，忙低头一看，挨了一冬的郁金香和荷包牡丹总算是露了个头出来，顿时觉得有了点盼头。

趁着天好，带了我家小姑娘到附近的游乐场玩。小姑娘从前年开始有一搭没一搭地学骑自行车，不怎么上心，又怕摔跤，到去年快入秋的时候才勉强把后面的两个辅助轮子拆掉，算是可以自己扶着把手跌跌撞撞地骑上几米，可也就是几米。今年刚一暖和，小姑娘就嚷着要练习骑自行车，这阵子正在兴头上。从我家到游乐场三五分钟的路，全是上坡，加不起来速度就更难找平衡，还得靠我连推带扶。游乐场有一大块平地，正好骑车。可不出所料，一到地方，小姑娘立马把自行车扔在一边，跳上了游乐设施，只剩下我在一旁暗自感叹——这要什么时候才能学会骑车啊？

游乐场上倒是上蹿下跳，自如得很。她的最爱自然还是"猴子杠"——高高离地的双杠之间排列着一组短杠，身体悬空，用手拉着短杠从双杠的一头攀爬到另一头。这个游乐场的"猴子杠"是给稍大些的孩子玩的，一是比较高，小姑娘自己够不着，二是杠与杠之间的距离比较远，难度比较大。去年夏天小姑娘想玩，我得把她抱上去，她一边在上面拉着我一边在下面托着，

合我们二人之力才能完成。到了过冬以前，她能自己爬完这组"猴子杠"了，我只需要抱她上杠下杠。今天也是这样开始的。

"爸爸，抱我上去。"小姑娘兴奋地叫。

"好的。"抱上去以后我在下面托着她，毕竟一冬天没玩，生疏了。可人家不干："我自己可以，你不用托着我。""好吧，你自己小心点。"

还真行，很利索地就爬完了一遍。下了杠，一口气没喘又闹着要上去，一连玩了好几趟。我估摸着她快没力气了，去年玩这个走不了三趟手臂就没力气撑不住了。

我说："休息一会儿再玩吧。可以先去骑会儿车再来玩这个。"

"我还要玩。"

又是一趟，越来越顺，一点不见吃力。这时候有个比她略大些的女孩过来也要玩"猴子杠"，没有大人在旁边跟着。那女孩伸手试了试，摸不着杠，踮起脚再试，还是不成。她倒也不慌乱，侧身踩在旁边一组游乐设备的脚踏上，高是高了一些，可整个身子需要侧着才能抓得上"猴子杠"。这孩子显然不是第一次这么干，驾轻就熟地窜了上去，一趟走完自己纵身下杠，非常从容。

看到这个孩子这么玩，我家小姑娘也受了启发，有样学样地要自己上杠。第一次费了点劲，一旦成功了就乐此不疲，一遍又一遍地重复。到她终于在杠上撑不住要下来的时候，我心里默算了一下，玩了不下二十次。看样子一个冬天下来还真是长力气了。

我看看表："时间不早了，我们回家吧。"

"我要骑车回去。"

"你试试不要我扶，自己骑起来。一只脚踮在地上一只脚踩着脚踏板，一登就起来了。"

"我不会。"

"试试。"

还是一阵跌跌撞撞。突然之间，小姑娘身子歪了歪，没倒下去，脚一蹬，动了起来。再往后一段路，很明显是能控制住了，虽然也会歪歪扭扭，但歪歪扭扭之后不是倒下而是自己平衡过来继续往前。之前每次骑车都超不过十米就要停下来，不是害怕就是不能继续保持平衡。可这一次是一路骑了下去，走过游乐场的平地，走过坑坑洼洼的步行道，上了坡，下了坡，不小心从平路拐进草地扭一扭没倒下又继续前进并且控制住方向回到正路，到了路口停下来看看往来的车辆穿过路口继续骑。这是真的会了呀！虽然我知道学骑车就是这样，找到平衡就在那一瞬间，可还是为这跟春天一样突如其来的瞬间激动不已。

晚上睡觉前要讲故事："爸爸，你能帮我找鲁鲁龙的那本吗？"

"不是在那边吗？自己找找。"

《鲁鲁龙的礼物》是小姑娘最近很喜欢的绘本，故事的主角是一条"长大了"的火龙。既然是火龙，长大了就该会吐火，可鲁鲁龙还没学会怎么吐火，心里很着急，爸爸妈妈的宽慰似乎也不起作用。鲁鲁龙跟他的朋友们到树林里玩，不巧遇上了暴风雨，大家只能躲进一个又黑又冷的山洞避雨。朋友们都希望鲁鲁龙能点燃火堆取暖照明，可怜的鲁鲁龙却只能让大家失望。"寒风呼啸着吹过山洞，鲁鲁龙在心里想着，他要是能生起火来，一切该有多美。"就在鲁鲁龙想得出神的时候，朋友们突然发现鲁鲁龙的鼻子里冒出了烟雾和火星。鲁鲁龙一鼓作气，真的点燃了篝火——这就是他长大的礼物。

小姑娘在这个风和日丽的早春的下午一下子学会了上"猴子杠"和骑车两样技能，晚上就非要看这本关于"长大"的绘本。她嘴上什么也没说，心里是不是在默念着"长大"两个字，我就不得而知了。

我和女儿斗智斗勇

　　星期五晚上有滑冰课。社区中心两个滑冰场，一个给冰球一个给花样滑冰，我家小姑娘从还不会走路开始就有事没事拽着我们带她去看。去年冬天勉强到了人家可以收她的年龄，急匆匆地就挤进了梦寐以求的滑冰课。一季下来，从在冰上站都站不稳迅速进步到顺着倒着转着圈怎么都能滑。开了春，课停了，转向户外的活动，小姑娘还一直心心念念要滑冰。

　　一进九月，新的一季开始了，小姑娘从入门班升到了初级班，自然又兴高采烈地去上课了。尤其是当看到小时候跟她一起玩的小朋友学了一季以后还继续停留在入门班，不由自主地还有些得意。可是，但是，可但是，但可是，事情永远不会这么顺利，一切美梦都是用来被打破的。要这么一路顺风顺水，就不会说做父母不容易了。

　　事情急转直下是从两周前开始的。升了班，每节课的时间也相应延长了。上课时首先是各个年龄段各个水平层次的孩子混在一起绕着滑冰场的大圈滑上十几分钟，然后各归各班，小班教学。两周前的这个绕大圈，小姑娘被撞了一下摔了一跤。滑冰嘛，摔跤很正常，从去年到现在也不知道摔了多少跤了，从来也没见她有什么难过的情绪，爬起来继续滑依然很开心。可不知道为什么，这次摔跤给小姑娘带来了极大的不安。哭了半天，不肯再进去，只好回家了事。

　　第二周，仿佛一切都已经过去了，开开心心地去了滑冰场。上冰绕大圈，刚溜了没两圈，小姑娘就楞住了，站在冰上眼神迷离，无助地四下张望，怎么都不肯继续滑下去。我把她带出冰场，坐在旁边的看台上，还没顾得上问她，小姑娘就哭了起来。正想安慰一下，噗的一声，小姑娘吐了一大口，胃里反出来的东西弄在头盔、衣服和我的衣服上哪儿哪儿都是。难道是刚才滑冰之前吃的一块饼干吃坏了？还是今天在幼儿园穿少了凉了肚子？问了半天，问不出个所以然。"还进去滑冰吗？""不去了。"我们悻悻然打道回府。

这一周又到了滑冰的日子。下午从幼儿园接了她，直奔滑冰场。路上我问她："今天去郊游开心吗？"

"嗯。"

"你们去农场捡了南瓜回来啦？"

小姑娘很兴奋："我捡了好多南瓜。"

幼儿园到滑冰场不过两分钟的路。路上我们俩有说有笑，可一进滑冰场的更衣室，小姑娘情绪就不对了。坐在凳子上眼神迷离，无精打采，跟上周一模一样。我心里就开始打鼓，可千万别再出什么幺蛾子。怎么办呢？打个岔吧："你还要吃饼干吗？"

她眼睛亮了一下："要。"

"等我一下，我去给你拿。"

拿了饼干回来，人家吃饼干不含糊，可继续无精打采。我一边给她换上雪裤，一边想再使个什么招让她兴奋起来。不容我发功，小姑娘先发治人，直接扑我身上不动弹了。小眼睛从迷离变成忽闪，虽然没有眼泪，手已经伸到眼睛边上去揉开了。这是啥节奏啊？两周前摔的那一跤也没受伤也不痛，不会就留下心理阴影了吧？离上课还有将近 20 分钟，我决定跟小姑娘谈谈人生。

朋友圈里刚好有个现在从事家庭亲子关系培训的大学同学前两天发了贴子说"抱"治百病，于是我把小姑娘抱起来坐在我身上，开始摆事实讲道理："告诉爸爸，你是累了吗？"

"我没累。"

"那我们换上滑冰鞋吧，快开始了。"

她摇摇头："嗯嗯。"

"你不想滑冰了？"

"不想。"

"可是你一直喜欢滑冰的呀？为什么现在不想滑了？要是今天再不去，

我们就连续三次缺课了。"

"我不喜欢。"

"你那天不是还说要跟妈妈去滑冰吗？"

"我只喜欢跟妈妈去滑冰。"

"可是妈妈没有你滑得好，妈妈还等着你学了去教她呢。"

她继续摇头："嗯嗯。"

上课的时间越来越近了，更衣室里面也开始人来人往。今天她妈妈有事情不能来，看样子我得硬着头皮一个人跟她战斗了。面对众人一边换衣服一边貌似不经意地从眼角流露出来的异样的目光，我不得不让脆弱的心脏再次强大起来，争取在上课前所剩不多的时间再做一次最后的努力。

"你跟我说说，你为什么不喜欢滑冰了？是因为你觉得太难了学不会吗？"

"是。"

"可是你比其他小朋友都滑得好呀。那些跟你一块儿开始练的小朋友，有很多现在都还在 *Pre-Can*，你已经在 *Can Skate* 了。"（*Pre-Can* 是入门班 *Can Skate* 是初级班）

她又开始进入摇头模式："嗯嗯。"

"你今天再去试一次，如果真的不喜欢那我们以后就不滑了。"

头摇得更快了："嗯嗯。"

"可是你想想，不管学什么东西都是这样的，刚开始的时候很好玩很容易，学到后面就会越来越难。如果一难就不学了，那永远什么都学不会呀。对不对？"

也不知道她听没听懂我说的话，多半还是继续沉浸在自己的世界里转不过弯来："嗯嗯。"

我有点着急上火了："那你要是一遇到难的就不去，那干脆一开始我们就不要学了。我叫妈妈把你的滑冰课取消了，游泳课、体操课、画画课也都取消了好不好？学校也不去了，每天你自己待在家里哪儿也不去好吗？"

"不好。"

"那你今天就再去滑一次。"

她摇头："嗯嗯。"

"你已经滑得比其他小朋友好了，老师教难的动作一下子学不会也没关系。你再去试试，要是老师教的你会做就跟着做，不会你就只管你自己想怎么滑就怎么滑，自己玩就好了。"

小姑娘油盐不进："不好。"

跟她从小一起玩到现在的 *Kevin* 也在这个滑冰班上。这时候 *Kevin* 已经换好装备准备上场了，过来跟我们打招呼。

我趁机换了个调子："你看 *Kevin* 已经去了，他在等你呢。我们快去吧。"

她不为所动："嗯嗯。"

Kevin 的妈妈折回到更衣室特意来帮我劝我家小姑娘："快去吧，*Kevin* 在等你呢。*Kevin* 没你滑得好，他想让你带着他。"

我赶紧跟上："快来快来，你看 *Kevin* 的妈妈都说你滑得好，我们快去吧，*Kevin* 还等着你呢。"

可她还是趴在我身上摇头："嗯嗯。"

Kevin 的妈妈离开了，上课的时间也到了。是不是放弃算了？可转念一想，小姑娘脾气犟，这一股劲已经拧了两个星期了，今天要是不把她说通，以后估计就没戏了。于是我转换攻势。

"你是因为上次摔了一跤所以不想去吗？"

"是。"

"可是以前滑冰你都会摔跤啊，每次你都很勇敢爬起来就继续滑了。"

"不是。"

"是不是因为上次那个小朋友把你撞倒了你不开心？"

"是。"

"那个小朋友滑得不好才会把你撞倒。我知道那个小朋友不对，即使不是有意的，他也应该把你扶起来。可是他控制不住自己的动作，没法过来扶你对不对。他把你撞痛了吗？"

"没有。"

“所以你只是心里不舒服是吗？”

“是。”

“那我们这样，今天滑大圈的时候我们不去，等回到小班的时候你再进去好吗？”

白费了半天劲，她仍然摇头：“嗯嗯。”

“那我们不滑了，我们去外面看看 *Kevin* 滑好吗？”

“不要。”

“*Kevin* 的妈妈都说了，他还没你滑得好。我猜 *Kevin* 像个小企鹅一样在冰上跳呢。就像这样扑腾扑腾的。”

小姑娘终于绷不住笑了：“呵呵，那我们去看看吧。”

我的天呐，终于把她从更衣室里带出来了，虽然脚上还没换冰刀。姜昆当年有段相声里面形容苦口婆心教育小孩——“我看电影里八路军劝伪军投降，没费那么大劲。”千真万确。

看了一眼 *Kevin*，小伙子滑得挺好，没像企鹅跳。小姑娘不看了，一言不发，拉着我就回更衣室。

我说：“怎么样，快去吧，*Kevin* 等你呢。”

她又开始抹眼泪了：“不去。”

一霎时我万念俱灰，放弃吧，带她话家。打定了主意，没想到话一出口却变成了：“呃，我有个好主意。”

“什么？”

“你今天去滑冰，明天我给你买一样你想要的东西。”

“什么东西？”

“你自己想想，你要什么我就给你买什么。”

“不要。”

我开始语无伦次了：“那这样吧，你去滑了冰，我晚上带你去吃麦当劳套餐加冰淇淋。”

“有没有小一些的冰淇淋？上次那个太大了我拿不住掉地上了。”

“可以。快换鞋。”

　　这时候大圈已经结束了，小朋友们都归了各自的小班。小姑娘一上了冰马上就像换了个人，迅速加入到自己的班上，如鱼得水，如那什么什么得了冰，滑得欢实呢。

　　我看看表，这场史无前例的思想工作居然耗时 40 分钟！就在准备放弃的时候，突然柳暗花明了，那是一种什么感觉？这 40 分钟里面我心里经历了什么起承转合，连我自己都不知道！这么说吧，八路军劝伪军投降是个什么样子我没赶上，可是在工作中，我曾经为了调和公司里两位意见相左的高层领导在周末晚上加班到深夜准备会议材料，也曾经为了对付一位一到星期五就请病假不上班的下属跟人事部门左右周旋，还曾经经历过无数比连续剧还狗血的情节，可所有这些加起来都比不上这 40 分钟。为什么？用金庸小说里面的四个字：关心则乱。

　　搞掂了小姑娘，我喜滋滋地站在滑冰场外观看。*Kevin* 爸爸笑笑，问我最后是怎么成功的。我说多亏了麦当劳。*Kevin* 爸爸一听就惊了，连忙拉过 *Kevin* 妈妈说："你看你看，平时就是不能随便给他们吃麦当劳，关键时候才能起作用。"说完补了一句，"干脆今天我也带 *Kevin* 去吃麦当劳吧。"

一场被南瓜化解的危机

六月的天，小孩的脸。小孩情绪波动大，翻脸真的是比翻书还要快。熊孩子自然招人讨厌，但即使好孩子也时不时会闹点脾气。在网上，大家习惯性地从熊孩子批到熊家长，但在这种近乎网络暴力的环境下，"熊孩子"其实也挺可怜。很多时候，他们只是不知道怎么表达自己而已。别说孩子，即使成年人，我们真的知道怎么管理自己的情绪、用合适的方法表达自己吗？

遍布多伦多的社区中心和图书馆，常常举办公益讲座。我曾见过一个"愤怒管理"（*Anger Management*）讲座的宣传资料，有趣的是，除了英文，这个讲座还提供中文和韩语版本。在多伦多复杂的多元文化图景当中，中国和韩国移民从来不是以坏脾气著称，但在跟主流社会的接触当中，好学的东亚民族已经意识到增加情绪管理的能力，将有助于提高自己的生活质量，并对在家庭和职场中改善人际关系有所助力。

在这方面，韩国似乎更走在中国的前面。我家小姑娘的绘本当中，有一套韩国人原创的《我会表达自己》，其中我们反复看过多次的一本叫做《不要发脾气，好好说》。这套绘本并不是简单的说教，而是用生动有趣的故事告诉小朋友不良行为所带来的后果，更重要的是教给他们一个简单有效的方法来应对无法控制自己情绪的情况。

在《不要发脾气》这本书里，爱发脾气的小羊失去了她的朋友，没有人愿意跟她玩。孤独的小羊偶遇了一位慈祥的老奶奶。在得知小羊的处境后，老奶奶教给她一句有魔法的话，只要一说这句话，头顶上的"臭脾气云"就会变小，朋友们就会回到身边。这句有魔法的话再简单不过，就是"请问……吗？"

这个方法，不但可以帮助孩子在心理发育还不完善的童年时代调整自己的情绪，更是可以令他们终身受益的情商管理手段。有时候不得不佩服我家小姑娘，活学还会活用，不但会说"请问可以帮我拿一张餐巾纸吗？"，"你可以跟我一起玩儿吗？"，还掌握了其中的精髓，就是在情绪失控的时候转移自己的注意力来为情绪的宣泄找到一个出口。

一天晚上到了洗澡睡觉的时间，小姑娘耍赖不肯睡，哭闹起来。

"要洗澡了。"我说。

她大叫："不——"

我："好了，太晚了，你得睡觉了。"

她继续大叫："不——"

"你说'不'我没法帮你，你告诉我你想干什么好吗？"

她哽咽了一下："我想游泳。"

"现在这么晚了，你去哪儿游泳啊？"

"我去……"小姑娘一边语无伦次，一边四面张望，"我去南瓜上游泳。"小姑娘说着自己就笑了，倒在床上，抓起一个玩具南瓜，扑上去把南瓜压在身下做游泳状，边"游"边笑。笑过之后乖乖去洗澡了。

从行为经济学 *(behavioral economics)* 的角度来看，这句"请问……吗"或者小姑娘自己不知道从哪儿想出来的"南瓜"就是一个"助推"*(nudge)*。所谓行为经济学，打个比方，如果一个人站在平地，你希望他一下子上到一个两米高的台子上，你该怎么做？跟他摆事实讲道理苦口婆心地介绍上这个台子的好处，那你是做政委的出身。强行把他抱上去，那叫独裁。你跟他说你不管什么办法只要能上去我就给你一百块钱，那是资本主义。可是如果你把一个高度合适的台阶放到他最容易下脚的地方，这就叫助推。

有一个粗俗的例子最能够说明助推的作用。男卫生间的小便池附近常常有漏在外面的点点滴滴，试过各种宣传标语都不见效。行为经济学给出了一个解决方案，拿一张塑料纸印上一个苍蝇大小的黑点，贴在小便池里面合适的位置。于是所有人不由自主地去瞄准那个黑点，问题迎刃而解。这个黑点就是助推。

助推只是一个手段，行为经济学最核心的思想之一就是 *Make it simple*——如果你想改变别人的行为，那就让改变的过程变得尽可能容易。之所以要这样做，是因为人的行为"可预见的非理性"(*predictably irrational*)。就算受过良好的教育，懂得一切道理，人毕竟不是机器，人们还是会常常做出非理性的、违背经济学原理的行为。助推的目的就是一种让事情变得符合人们行为习惯而不是符合理性思考的逻辑。

因为对"可预见的非理性"的研究，芝加哥大学教授理查德泰勒（*Richard Thaler*）在 2017 年获得诺贝尔经济学奖。在获奖感言中谈到行为经济学时，泰勒教授说："*In order to do good economics, you have to keep in mind that people are human.*"——要想做出好的经济学，你必须记住人永远是人（而不是机器）。

拔野草

十八岁举行一个成人礼，这在许多地方已经不稀奇了，上一门课来学习如何做一名成年人却还并不多见。最近，加拿大的一所中学给十二年级（相当于中国的高三）的学生开设了一门名为"长大成人"的选修课，教给他们做一名成年人独立生活所需要的一些基本技能。这门课由几个独立的单元构成，学生可以根据兴趣和需要选择其中的某些单元。

1. 修车。在加拿大，十六岁可以考驾照。不过，考试的内容集中在安全驾驶和交通法规，对车辆维护并不做要求。路上轮胎坏了怎么办？第一反应是打电话叫拖车公司帮忙。可要是你的车在一个寒冷的冬夜坏在荒郊野外怎么办？如何开引擎盖、如何查看机油、如何换备胎，都是这门课的内容。

2. 家居。跳闸了怎么办，墙上破了个洞怎么补，电钻和其它电动工具怎么用？

3. 衣服。钉纽扣，修裤脚，熨衣服，缝缝补补，甚至如何分别洗涤各类衣物。

4. 做饭。去超市买一只熟的烤鸡和一些蔬菜，你能做出五顿不同的饭吗？如果能，利用这些简单的食材你就可以喂饱自己，而且一个星期不重样。

5. 财务。学会做预算，刷信用卡是要还的。还有，到了十八岁，每年该给自己报税了。

6. 精神。成年人的世界充满压力，学会面对压力、管理压力、释放情绪，才能做一个负责任的成年人。

这些技能说大不大，说小却也不小，要没人教还真不会。通常，父母会在日常生活中逐渐把这些小知识教给孩子，孩子也应该逐步从对大人的观察中学到。可是，并不是每个父母都会把每一样生活技能教给孩子，也不是每个孩子都有机会帮父母做这些家务。学校的初衷就是为每个即将成年的孩子提供一个学习这些生活能力的平台。

看了这条新闻，我想了想我家五岁小姑娘会做哪些家务。换轮胎她见我干过，去年我给房子外墙刷漆她也见过，算是耳濡目染吧。她会做的事情倒还真有几件。

收拾房间。在家里，这事算是小姑娘不大喜欢做的，可我在学校见过好几次她帮老师收拾玩具，那叫一个认真负责。

整理衣服。洗好的衣服从烘干机里取出来，小姑娘会帮忙把衣服分门别类地折好。实事求是地说，她折出来的衣服还真整齐。

扫地。她有个小扫帚，可总是喜欢用比自己高出一个头的大扫帚。这事虽不常干，干起来倒也像回事。以后可以多做。

分筷子。吃饭的时候负责给每个人发筷子，小姑娘也时常会利用这点"特权"选择她想让谁坐在她旁边。

搅拌面粉。小姑娘的学校里有烹饪课，学学怎么切水果，怎么和面之类。在家里，她妈妈做蛋糕的时候小姑娘总是积极性最高的那个小帮手，用量杯量勺往面糊里加入配料，用一个搅拌器顺着一个方向搅拌直到面糊变得均匀没有颗粒。

拔野草。我觉得这是"长大成人"课程的"家居"部分最应该加进去的内容。墙破个洞的事情不常发生，可野草乱长几乎是家家户户每天都会遇到的。小姑娘对这事很有兴趣，因为她有一套红色的小工具。

这天我要去干活。这是开春第一次收拾院子，更多的是清理秋冬两季残留下来的垃圾，小姑娘拔野草的技能不大派得上用场。

我跟她说："你自己玩一会儿吧，我去院子里干活。"

"我可以帮你吗？"

"来吧。"

我用一个耙子把上年积下来的枯枝败叶松针松果拢到一堆，让小姑娘来帮忙把它们装进垃圾袋。

她看了一眼，说："这个太多了，我用我的铁锹来铲。"说着就跑去取她的小铁锹："我的 *spade* 是紫色的。"

"你那个不好用。我有一个好东西给你用。"我拿出一副专门收拾枯枝败叶的工具，两个弧形的塑料片，各有一个小口可以供手握，拿起来就像用两只加长加宽了的手掌去捧树叶，十分趁手。这东西非常简单，但设计合理，不用我教，小姑娘就知道怎么用，还夸我："*This is so good. Where did you buy it?*"（这东西真好。你从哪儿买的？）

真会聊天。

我们俩配合默契，我把垃圾耙成一堆，小姑娘负责把它们装进一个纸箱。看看，这是不是又学会一项新技能？

干了一会儿，天上飘起来小雨。

"我累了。"小姑娘说。

"也下雨了，你进屋去吧。"

"爸爸，妈妈说帮你们干活可以给我钱的。"

"好的，回头给你。"

小姑娘对钱其实还没什么概念，她眼中的钱不论元角分，而是以"个"计数，一个硬币，不论面值大小，统称为"一个钱"。最近我们开始有意识地教她钱不是以"个"来论的。

"我该给你多少钱呢？"

"……"

"这样吧，你帮我扫了地……"

"我还擦了桌子。"她连忙说。

"是的，你还帮我在院子里收拾了两箱树叶。干了挺多活的，给你一块钱吧。"

我拿出一枚一加元的硬币给她。一加元的硬币是黄铜色，图案为一只形似鸭子名为 *loon* 的加拿大特有的水鸟，这枚硬币也就因为这只鸟而得到一个别称 *loonie*。

"妈妈，爸爸给了我一个 *loonie*。"

"那你把它放起来吧。"她妈妈说。

　　"我的存钱罐。"她有一只小猪存钱罐，分上下两层，上面一层写着"*Spend*"（花），用来放零花钱，下面一层写着"*Save*"（存），用来储蓄"大钱"。

　　"我要放在 *Spend*，因为我要用来买东西的。"

　　我问："你要拿来买什么？"

　　"嗯…下次母亲节是什么时候？我给妈妈买礼物。"

卖柠檬水的小女孩

《卖火柴的小女孩》创作灵感来自安徒生造访一座意大利小镇时偶遇的一个五岁小姑娘。跟卖火柴的小女孩一样，这个卖柠檬水的小女孩也是五岁。不过跟安徒生笔下的凄惨境遇不同，我们这位在自家门口摆摊的小女孩卖柠檬水纯属一时兴起的自娱自乐。

在幼儿园，老师从小就教小朋友们做事情，从收拾玩具整理书本到用扫帚把掉在地上的纸屑扫起来，小姑娘勤快得很。可惜幼儿园养成的好习惯并不能百分之百带回家，图书玩具还是时常扔得满地都是。不过我们一直坚持的一点是小姑娘的游戏房必须由她自己收拾，大人不会天天盯着他，但乱到看不下去的时候也会采取一些强制措施。

除了自己的事情自己做，小姑娘有时候也会主动提出帮大人做些事情，比如洗碗。

"爸爸，我能帮你们洗碗吗？"她问。

"这个水池你够不着吧？"

"我可以站在凳子上。"

"那好吧，你帮我们干活我可以给你钱。"

一听有钱小姑娘更来劲了，自己搬了一个小凳子踩在上面，兢兢业业地洗起碗来。

虽说赚钱听上去很有吸引力，但小姑娘对钱却并不是很有概念。在她眼里钱是论"个"计算的。加拿大现行的流通货币中硬币最小面额是五分，最大是两元，可在小姑娘那里，不论面值，一枚硬币就是"一个钱"。到目前为止，小姑娘还没有用她赚的钱买过任何东西，因此"赚钱"更多的是一种"长

"大了"的成就感。

　　当然，这种成就感也不是什么时候都起作用。比如有时候我们的对话是这样的。

　　我问："今天你要洗碗吗？"

　　"不要。"

　　"你不要赚钱了？"

　　"今天我不想要。"

　　我逗她玩："怎么能这样？你要想洗碗赚钱就得每天都洗。就像我跟妈妈上班一样，不能想去就去，不想去就不去，那位置就会给别人占了。你要今天不洗，以后再想洗碗赚钱的时候就没你的份了。"

　　玩笑归玩笑，小姑娘还是时不时地提出要帮我洗碗。有时候是真的踩在小凳子上洗碗，有时候是帮忙把碗装进洗碗机，放上洗洁剂，盖好盖子关好门，再把洗碗机开到工作档。

　　虽说做家务还没有成为小姑娘日常生活的一部分，好歹是有了这个意识。想想我自己像她这么大的时候，洗碗扫地已经逐渐开始成为常态。记得那时候我和表弟常常在外婆家吃晚饭，饭后洗碗的工作是兄弟俩每日轮换。轮到我洗碗的时候我拼命把每样菜都留下一点，这样可以少洗一个碗，而表弟则拼命把所有菜都吃完。第二天角色互换，留菜和吃菜的积极性也随之翻转。

　　外婆鼓励我们做家务，因为她从小受到的教育也是如此。外婆出身小康，家道中落以前也算是衣食无忧，用她自己的话说，"家里用着几个人，做饭的管做饭，洗衣服的管衣服"。可是她的父亲却从小要求她们姊妹几个必须精通所有家务。原因有二，一是自己要能比佣人做得更好才挑得出别人的毛病；二是居安思危，有钱的时候可以用人，但要虑到有一天没钱的时候得去被人家用。外婆一辈子风风雨雨平平凡凡，没有富贵过，也并没有落到过给别人帮佣为生的地步。但不知道为什么，童年时代外婆对我讲过的这几句话几十年来我一直记着。也不知道是不是这个原因，我一直试图让我家小姑娘接触家务，不必每天做，但要有这个思想准备。

　　也许是偶尔为之，到目前为止，小姑娘并不感觉到做家务的辛苦，反而是当作一种游戏，乐在其中。就像这次心血来潮要摆摊卖柠檬水也是一样。

在北美，小姑娘们卖柠檬水似乎是一种传统。操此"业"的通常是十岁以下的女孩，大姑娘干这事的不多，男孩子更是看不见。"经营"的目的有时候是赚零花钱，有时候是为慈善组织募捐，有时候是自己参加的课外兴趣俱乐部需要筹款来举办某项大型活动。"营业场所"一般是在自家门前，妈妈摆个摊把家里不用、没地方放又舍不得扔掉的旧东西拿出来卖掉，小姑娘们就随着在旁边支个小桌子卖柠檬水。至于为什么是柠檬水而不是别的饮料，我却不知道。

这天外出，路过一个这样的摊子，我家小姑娘见了立马就来了劲，回家就吵着要摆摊："爸爸，我也可以卖 lemonade 吗？"（柠檬水）

"可以啊。"

"我今天就想要。"

"今天来不及吧，你下午不是还想出去玩吗？"

"我想先卖 lemonade 然后再出去。"

架不住她妈妈在一旁"怂恿"，我也就不泼她冷水了。她愿意做这事，正好也让她知道知道做成这么一件看起来简单的事情有多不容易。

于是我就势问道："那你的 lemonade 在哪儿呢？"

小姑娘想也没想就回答："我和妈妈一起做。"

"好的，我们一起来做吧。"她妈妈说："你还得写一个牌子，不然人家怎么知道你卖 lemonade 呢？"

"我去写。"转眼之间就写好了——"Li's"（李记）。她妈妈一看就笑了："哈哈，你怎么这么有创意？谁教你取个名字叫 Li's 的？""是我自己。"

我接着增加难度："你的 lemonade 要放在哪儿？"

"放在一个桌子上。"

"那你的桌子呢？"

"你帮我找。"

"你自己要卖 lemonade，不能什么事情都要我和妈妈帮你做啊。这样吧，把你写字的那个小桌子拿出去摆 lemonade。你现在先去把桌子上的东西收拾起来找个地方放好。"

妈妈连忙说："桌子上的台灯拿下来放地上。"

过了一会儿，小姑娘跑过来："妈妈，你的 *lemonade* 做好了吗？"

我反问："你的桌子收拾好了吗？"

"没有。"

"快去快去。"

又过了一会儿，她跑过来："好了——"

妈妈问："你卖的钱要放哪里？"

"嗯，放在一个盒子里。"

我说："那你去找一个盒子吧。"

她找了一会儿，回来说："我只找到这个，可以放这里面吗？"

我一看，是个洋娃娃手上挎的篮子，比个火柴盒大不了多少："这个也太小了吧？"

还得妈妈救场："我来帮你找一个吧。"

于是找到一个复活节拣彩蛋用的塑料篮子。

妈妈又给出主意："你还得写一张纸，把价钱写上。一块钱一杯？"

我说："太贵了！谁要花一块钱买你的 *lemonade*？一毛钱还差不多。"

小姑娘于是写上 10 *cents*，找来胶纸把价钱贴在收款的篮子上。

忙乱了一阵，总算可以开张了。午后一点，太阳正高，路上几乎看不见行人。我把小桌子搬出去，找个树荫放下来，还没安顿好，小姑娘自己抬着凳子出来了。

我告诉她："你在这里坐着吧，我去拿个凳子出来陪你。你可以去拿本书来看，因为可能要等很久都没人路过，你会很无聊的。"

她 马 上 说："*No! What if somebody comes to buy lemonade and I'm reading a book and not seeing them?*"（不行！要是有人来买的时候我在看书没看见他们怎么办？）

"好吧，你说得对，你看着吧，我去给自己找个凳子。"

刚说完，我正要走开，路边一辆车缓缓停了下来。车里走出一个女人，一脸笑意。小姑娘一时没反应过来，有点懵。

那人微笑着柔声问："*Is this a lemonade stand?*"（这是卖柠檬水的吗？）

小姑娘腼腆地笑笑，没说话。

"*Can I have one?*"（我可以要一杯吗？）

小姑娘有点懵，我连忙对她说："*Can you help this lady?*"（你可以帮这位小姐吗？）

小姑娘点点头，拿起一个杯子放好，双手端起装柠檬水的沉甸甸的罐子，小心翼翼地往杯子里倒水。罐子实在太重，小姑娘有点把持不住，水洒在了桌子上。

"没关系的，"我说："别着急，慢慢倒，你可以的。"

倒好一杯，小姑娘递给她的第一位顾客。

"*Thank you! That's amazing!*"（谢谢你！真是太棒了！）那人看了看篮子上贴着的"10 *cents*"（一毛）的标签，把捏在手里的一块钱硬币放进了篮子："*May I put it in here?*"（我可以把它放进去吗？）

我问小姑娘："*What do you say?*"（你要说什么？）

"*Thank you.*"（谢谢。）

这时候她妈妈正好拿了准备找零的零钱盒子出来："*It's too much. I got change for you.*"（太多了。这是找你的零钱。）

那人并不接钱，端起柠檬水笑笑："*It's ok. Have a good day!*"（没关系。祝你们一天快乐！）

旗开得胜的小姑娘高兴坏了："妈妈，我卖出去一杯了！"

我们异口同声："太棒了！"

小姑娘这下子更是来了精神，对着空旷的马路高声叫卖："*Who wants lemonade ～, Who wants lemonade ～*"（谁要柠檬水）

"你先省点力气吧，"妈妈说："你看到路上有人经过再叫。"

她不肯："路上还有车。"

"那你也看到有车窗开着的你再叫，不然人家也听不见。"

她可不管："*Who wants lemonade ～* 哈哈～ *Who wants lemonade?*"

我的牙掉进下水道了

换牙这事有一个很长的心理建设期。至少是一年多以前吧，小姑娘就把话头挑起来了："阿妮卡掉了一颗牙。"

"哦，真的？"我搭腔。

"是的。"

"你以后也会掉的。"

"为什么？"小姑娘早就已经是十万个为什么了。

"每个人都会掉牙的。然后再长出新的牙。"

"然后呢？"

"新的牙就不会掉了，你要用一辈子。要是新的牙再掉了就不会再长了，你就没牙了。"

"为什么？"又是一个为什么。

"每个人都是这样的，所以要爱护你的牙，每天要好好刷牙。"

"你小时候也掉牙吗？"

"掉过呀。"

"妈妈呢？"

"妈妈也掉呀，每个人都会掉的。"

自从幼儿园那些比她大的小朋友陆陆续续掉了牙，小姑娘对掉牙就有了一份既期盼又有点惴惴不安的复杂心情。有一天突然说："艾萨克也掉牙了。"

我问："他几岁呀？"

"她比我小。"

"我知道他比你小。每个人掉牙的时间都不一样。"

"可是我还没有掉。"

"晚点换牙好。"我随口说。

可人家一定要打破沙锅："为什么？"

"因为你新换的牙要用一辈子，晚点换可以用的时间长一些。"

刚安抚完没几天，小姑娘的牙开始活动了。

刷牙的时候，小姑娘说："我牙疼。"

"我看看，哪里？"

"是前面的，下面这颗。"

我看了看，真是有些松动了："啊，我知道了，你的牙要掉了。太好了，你长大了！"

她看上去有点小紧张，不安地说："可是我不想现在掉，我想晚点再掉。"

"呵呵，"自己下的套还得自己来圆场，我只好说："你现在掉牙不算早了。你马上就六岁了，是该换牙了。"

她追问："你呢？你什么时候掉牙的？"

"我很早就掉了。"

"妈妈呢？"

"那我不知道，你要去问外婆。"

"你帮我刷牙的时候不要碰到它。"总算是换了话题。

"疼吗？"我问。

"只有咬东西的时候会疼。"

"我看看——没事的。可能牙刚开始松动，你有点不适应。这几天要多吃蔬菜，这样不会上火，就不会疼。"

牙一松动，随之而来的就是对牙仙子的种种猜测与想象。中国的习俗，小孩子掉了牙要扔掉，下面的牙往屋顶上扔，上面的牙埋到地底下。我们小时候都是这么过来的。加拿大的风俗不同。传说中有一个牙仙子（*tooth fair*），会在小朋友睡着以后悄悄把新掉的牙拿走，同时送给小朋友一枚金币。牙仙子的故事小姑娘不但从幼儿园里比她大的小朋友那里听过，自己也有绘本，早就细细读过好多遍了。这个充满仪式感的过程是小朋友成长过程中十分骄傲的一件事。

"我的牙掉了 *tooth fairy* 会来吗？"现在这是小姑娘关心的一个问题。

"我怎么知道？我猜会吧。"我说。

"我们得要把牙放好。"她一副久经沙场的样子。

我只好顺着说："你得把你的牙洗干净，包起来放在枕头底下，*tooth fairy* 就会来拿。"

牙松动了个把月还没掉，这个话题过不几天就翻出来念叨一遍。

"我的牙什么时候会掉？"

"不用着急，没那么快，过一阵它自己会掉的。"

"那 *tooth fairy* 就会来了。"

"你猜 *tooth fairy* 会不会是个胖子？"我跟她开玩笑。

"哈哈，会的，因为她吃了好多牙，都吃到她肚子里了。"

这天晚上，妈妈接了小姑娘回家，一进门就兴奋地嚷嚷开了："爸爸，我的牙掉了！"

我忙应声："给我看看。"

"中午在学校里掉的。"她骄傲地说。

"她可棒了，"她妈妈接着说："掉的时候还流了血，她都没有哭。"

"你太棒了！你现在是大孩子了。"

小姑娘捧着她的牙跑来跑去，简直无所适从。还是妈妈有主意："你去把你的牙放好吧。要不然那么小一颗牙很容易搞不见了。"

她听了马上补充："得要放在枕头下面。"

"那你去放好吧。"

"我得要把它刷干净。"说完小姑娘笃笃笃自己跑上楼去了。没过几分钟，声音从卫生间里传来："*Daddy, I lost my tooth by accident.*"（爸爸，我不小心把我的牙弄掉了。）

我暗叫不好，说："我看看。"

她一手拿着牙刷，慢慢走下楼来，故作镇静地说："我刷它的时候不小心掉到下面的水管里面去了。"

"我来帮你看看，也许能找回来。"

"可是掉到下水道里去了。"

我连忙上楼，打起电筒往洗脸池的下水口里面看，希望小牙卡在了什么地方还能捞出来。实在是看不见，那么小的牙被卡住的可能性不大，希望十分渺茫。可也不能直接就这么告诉小姑娘，总得做个样子。于是找来个小刷子，往下水口里面捅捅。小姑娘看我认真地寻找她的牙，感觉到事情不妙，紧绷的神经终于崩溃，哇的一声哭了出来。

她妈妈赶快过来救场："没关系的，爸爸不是在帮你找吗？"

"可是掉下去了。呜呜。"

妈妈说："不要紧的，那么小一个牙，是很有可能拿不稳掉下去。爸爸说不定能帮你找回来。"

"要是找不回来就到下水道里去了。"

"没关系，即使掉到下水道它也还在我们家，*tooth fairy* 来了我们家就能找到的。"

"呜呜。她找不到怎么办？"

"这样吧，我们去给 *tooth fairy* 写封信告诉她你的牙掉到下水道里了，然后把信放在枕头下面，她看了就会知道了。"

"她能找到吗？"

"肯定能。*Tooth fairy* 是个仙女啊，有翅膀的，她肯定能找到。她能找到我们家就能找到你的牙。*Tooth fairy* 是怎么知道你掉牙的呢？"

"她会闻到牙的味道。"

"对呀，牙即使在下水道里也还在我们家，所以 *tooth fairy* 能闻到的。"

我一边暗自赞叹妈妈的急智，一边帮腔："我估计 *tooth fairy* 不用闻都能找到。你在学校里牙掉出来的时候估计她已经闻到了，就会跟着来我们家。"

妈妈赶快接过话头："好了，我们下楼去把给 *tooth fairy* 的信写好，再画个地图，告诉她从你的房间到卫生间怎么走。"

我继续在洗脸池边掏着，找不到牙顺便把水池清洗一下也好。这时候小姑娘已经把信写好了，拿回房间放在她的枕头下面。"我看看。"我拿起来一看，上面写着：

牙仙子女士

我的牙在卫生间洗脸池里！

"写得非常好，*tooth fairy* 肯定能找到。"我说。"这个感叹号也是你自己写的吗？"

"是。"

"你太棒了！快放好吧。"

"*Tooth fairy* 会到楼下去找吗？"她又问。

"不用去楼下啊，你不是画了地图吗？她从你枕头下面拿了信就会按照地图找到卫生间的。"

她还不放心："可是我的牙在下水道里，会顺着下水道掉到楼下去的。"

"没关系，*tooth fairy* 很厉害，她只要站在洗脸池那里吹口气就能把你的牙吹出来。"

"*No. She'll use her wand.*"（不是的。她会用她的魔法棒。）

"哦，对哦，我还不知道 *tooth fairy* 有个 *wand*。那就更没问题了。"

一个问题解决了小姑娘又开始操心下一个："可是我的牙掉到下水道里会弄得很脏。"

"没关系，*tooth fairy* 用她的 *wand* 一挥就变干净了。"

老天啊，这位牙仙子神通实在太广大了！知道谁家小朋友掉了牙，还得知道等小朋友睡着以后才现身免得被肉眼凡胎看见，还会读信看地图，还能从下水道里把牙掏出来变干净！这么有本事的牙仙子自然跟圣诞老人一样，要靠做父母的扮演。

好容易等小姑娘睡着了，我蹑手蹑脚地摸进她的房间，偷偷摸摸从枕头下面把写给牙仙子的信拿了出来。

"怎么办？我们把 *tooth fairy* 给她的硬币放哪儿？"我问她妈妈。

"要把信拿走还是给她留下？"没等到答案却换来另一个问题。

"我想好了，在信的背面给她写一封回信。"

"不行，"她妈妈说："她会看出来是我们写的。"

"那怎么看得出来？"我不服气。

"你女儿多精啊！"妈妈坚持道："还是不要写信了，我给她搞点闪亮闪亮的东西沾在纸上面就是 *tooth fairy* 留下的痕迹了。"

"好吧。那放到洗手间里去吧，让她自己找。"

万事俱备，只欠东风。

第二天一早小姑娘醒来，在房间里叫我，声音有些迟疑："爸爸。"

我去她的房间："你醒了？"

"那个信不见了。不在枕头底下。"

"哦？"我故作惊讶："那有硬币在你枕头下面吗？"

"没有。*Tooth fairy* 来过了吗？"

"我怎么知道？我又不是 *tooth fairy*。你觉得她来过吗？"

"*Maybe.* 她把地图拿走了。"

"对哦，那她是不是按着地图去找你的牙了？"

"不知道。"听得出来，小姑娘有点紧张。

"那你的地图画了哪儿？你去找找吧。"我给她出主意。

小姑娘将信将疑，跑到洗手间门口，探了个脑袋进去看了一眼："妈妈，没有 *coin*（硬币）。"

妈妈故意问："什么？"

"*Tooth fairy* 把信拿走了，但是没有 *coin*。"

"你都看过了吗？把灯打开仔细看看。"妈妈给了些暗示。

"啊，呵呵，呵呵，在这里！"她高兴起来："有一个 *coin*！有一个 *coin*！ *Tooth fairy* 给我了一个 *coin*！"

妈妈问："在哪儿在哪儿？"

"她把它放在镜子上了！"

我凑过来："*Tooth fairy* 怎么这么搞笑？放在镜子上。"

"你看，这是我的信。"她说。

"哦，她把信也留下了，说明她是按照你信上画的地图找过来的。"我说。

"咦～纸上有些闪闪的东西。"小姑娘真是心细。

妈妈说："让我看看。真的呀，是不是 *tooth fairy* 拿的时候她身上那些闪闪的东西沾上去了？"

"嗯嗯，是的。"小姑娘边说边点头。

小姑娘抱着她的硬币和沾了仙气的信，在家里各个房间之间游走，兴奋不已。兴奋之中还保持着三分理智："这个 *tooth fairy* 是个女孩儿。"

我问："*Tooth fairy* 不都是女孩儿吗？"

"也有男孩儿。男孩儿女孩儿都可以是 *tooth fairy*。"

"那你怎么知道这个是女孩儿？"

"因为我的信上写了 *Ms.*，她没把它改成 *Mr..*"（*Ms.* 是女士，*Mr.* 是先生）

"那我可以当 *tooth fairy* 吗？"我故意问。

"*No*！我们是人，不是 *fairy*。"

换好衣服，到洗手间刷牙，小姑娘又回味了一遍寻找硬币的过程："我刚才先看了洗脸池下水道的口，没有找到硬币。我又看了台子上也没有。"

"结果呢？"我问。

"可是 *tooth fairy* 把它放在镜子上了！"

"太好玩了。"

"罗莎已经有 5 块钱了。"

"都是 *tooth fairy* 给她的吗？"

"每次她掉牙的时候 *tooth fairy* 都给她的。"

"*Tooth fairy* 好忙碌哦。"

"也许不只一个 *tooth fairy*，有男孩也有女孩。"

"所以每次都会是一个不同的 *tooth fairy* 吗？"

"是的，他们就没那么忙了。"

好吧，*tooth fairy* 有很多，可你爸妈只有两个人，下次掉牙可千万别再弄到下水道里去了。

五岁的生日派对

过生日是件大事，前半年就念叨开了："爸爸，现在是冬天吗？"

"现在怎么会是冬天？天这么热，还是夏天啊。"

"夏天过了是秋天。"

"对。"

小姑娘终于进入正题："秋天过了是冬天，然后就是圣诞节，然后就是我的生日了。"

"是的。"

"我可以请每个小朋友都来我的生日 *party* 吗？"

"可以。"

越到临近日期，这样的对话就越多，小姑娘还时不时地自言自语："我的生日就可以给我的朋友一些礼物，他们也会给我礼物。我只要给他们一点点礼物，他们给我很多礼物。"小姑娘口中所说"他们给我很多礼物"自然是指生日礼物，而"我只要给他们一点点"的则是给来参加生日派对的小朋友准备的回礼。

小姑娘生在冬天最冷的时候，不像那些夏天生日的孩子可以在自家后院或是公园里开派对。室内的派对，租场地、布置场地花钱又费力不说，要是天公不作美临到当天来场暴风雪，一多半的小客人来不了，大人孩子都得失望。就算天气不出问题，冬天的每次聚会总会有几个孩子生病缺席。出于这种种原因，我们从来没给小姑娘办过生日派对。五岁也算个不大不小的生日，既然人家念叨了这么久，我和她妈妈一商量，今年就给她办一个派对吧。

说干就干，妈妈立刻全力开动，一个晚上就把周边各类可以开派对的地点搜罗出了一个清单，按照位置方便程度、活动主题、场地设施和大小、工作人员配置、性价比等等因素筛选出一个短名单。不看不知道，小朋友的生日派对竟然有这么多名堂。我们参加别的孩子的派对，有的是化妆成公主的演员带着孩子们唱歌跳舞做游戏，有的是在烹饪课堂里厨师教孩子们动手做批萨和蛋糕，还有在室内游乐场自助玩乐的，可以说每次参加生日派对我都有大开眼界的感觉。没想到，她妈妈找出来的这些选项还要更加丰富。文的可以做手工画画做陶艺，武的可以学杂技练体操，只有我们想不到没有人家办不到的。既然给她过生日，决定权还是交给小姑娘吧。

于是妈妈问她："你来看看你的生日 *party* 你想去哪儿？这里有画画的，老师带你们画一幅很漂亮的画。"

她看了看手机上的图片："我要画画。每个人都要画吗？可是有的我的朋友不会画。"

"没关系的，会有老师带着你们一起画，每个小朋友都可以画。"

"我喜欢画画。"

"你看还有这个练杂技的你喜欢吗？"

"杂技是什么？"

"以前我们看过人家表演的，你看这个图。"

她一拍脑袋："噢！*So scary*，这个我不敢。"

"没关系的，老师不会让你们做危险的动作，会有老师保护你的。"

"可是我还是不敢。"

"那你看看这个 *gymnastics* 你喜欢吗？"

"喜欢！"

小姑娘最近在上艺术体操（*gymnastics*）课，已经练了几个月了，她非常感兴趣。妈妈于是补充说："这个不是你练的那种哦，这个是有器械的体操，就是会有老师带你们玩双杠啊、平衡木啊这些。"

"我要！"

"那里面还有一个 *bouncing castle*。"（充气城堡）

一听这个她更来劲了："我要体操！"

事情就这么定了。

决定开生日派对离她的生日已经不到一个月了，小姑娘说句话容易，她妈妈可就忙起来了。比较了几个离家不太远的体操馆，选定了其中一个，敲定时间，联系好场地。这还不算完，邀请小朋友、购买跟主题相应的装饰材料、定制蛋糕，一件一件都是事。光是想想这么多琐事我已经头大了，不由得怀疑起搞这个生日派对的意义。还得说是她妈妈高瞻远瞩："不在于 *party* 本身，而是这个过程可以让她全程参与，不管最后出来的效果好看不好看都是她自己选的。"

实在太英明了！于是派对前的一个周末她妈妈就带着她去了一家专卖派对用品的商店挑选她自己喜欢的装饰品和蛋糕。回到家我一看，她们买的整一个美人鱼系列，从气球、一次性纸盘子的花纹、纸巾到蛋糕的图案，全是跟美人鱼相关的。她妈妈笑着跟我说："你去问问你女儿她为什么挑了美人鱼？"

我问："过来告诉我你为什么要美人鱼的主题？"

"因为我喜欢？"

"你不是最喜欢 *Elsa* 吗？"（《冰雪奇缘》女主角）

"*I changed my mind.*"（我改主意了）

小姑娘说完就跑开了，略有点不好意思。还是她妈妈揭开了谜底，原来是美人鱼系列有一组配套的头花，别的主题都没有。好吧，不过她要的是体操派对，也不能带头花呀！

下一件大事就是发请帖。

妈妈："来来来，你要请哪些小朋友，你自己想想。"

"我可以请全班小朋友吗？"

"如果只能请十个，你想请谁？"

"嗯，我想请 *Yazmin*，还有 *Evgenia*，她们都是我的好朋友。"

"那你找张纸把你要请的小朋友名字写下来。"

"我可以请 *Mark* 吗？"

"你不是说 *Mark* 老打人吗？"

"他现在不打人了，他也是我的朋友。"

"好吧，你可以请他，不过这个体操 *party* 可能女孩子会比较感兴趣，*Mark* 不一定喜欢。"

"那就不请他了。"

拟好了名单，小姑娘自己把小朋友们的名字写在请柬上，第二天我带去学校请老师帮忙送给被邀请的小朋友的家长。路上我突然想起一件事："我告诉你一件事。"

"什么？"她问。

"你明天去学校别告诉你的同学你要开生日 *party*。"

"为什么？"

"我们没有给你班上每个小朋友都发请帖，所以就别告诉每个人了。"

"我知道。"

如我所料，第二天在幼儿园还是走漏了风声。

"爸爸，*Noh* 说她也想来我的 *party*。"

"噢哦，你告诉小朋友了。"

"可是 *Noh* 也是我的朋友。"

"你想要请她来吗？"

"想。"

"还有很多没有收到请帖的小朋友说他们也想来吗？"

"只有 *Noh*。"

"好的。不过如果你不想请她你还是可以不用请，不用因为她想来就一定要请她。"

"我想要，*Noh* 也是我的朋友。"

"好吧，你晚上再做一张请帖明天带给她好吗？"

到了开派对那天 *Noh* 没有来，小姑娘也并不在意，因为她幼儿园里最好的几个小朋友都来了，还有小时候一起玩现在已经不在同一个幼儿园的几个朋友也来了。又是体操又是蹦床又是充气城堡，小姑娘们自然玩得忘乎所以。

结束以后回家路上小姑娘继续兴奋不已。我和她妈妈对视一眼，心里想着这一次以后总可以隔几年再操办生日派对了。

妈妈问她："今天开心吗？"

"开心！妈妈，明年的生日我还可以来这儿开 *party* 吗？"

我接过话头："你去问问你的朋友吧，让她们也到这里来开生日 *party*，这样你就又可以来玩了，也不用等到明年。"

母亲节的早晨

母亲节的早晨是从星期五下午开始的。每学年结束前幼儿园都会举办一次音乐会，时间总是在母亲节周末之前。今年的音乐会在星期五下午，为母亲节完美拉开序幕。我们全家出动，不但妈妈，连妈妈的妈妈和爸爸的妈妈也齐齐到场，妈妈们在从小班到大班、从不知所云的咿咿呀呀到像模像样的唱念做跳中感受作为母亲的一份喜悦和骄傲。

幼儿园地方不大，音乐会在校外的一个礼堂举行。两部校车把孩子们送过去，老师们领着在后台化妆做准备，而家长自行前往礼堂，观众席就座。你可以想象星期五一整天幼儿园里是怎样的兴奋和忙乱。所以给妈妈的母亲节礼物，星期四就提前准备好带回家了。礼物是一张卡片和一个小瓶子。卡片是自己动手做的，透明的塑料瓶子两寸来高，里面装着些芝麻粒大小，晶莹剔透的紫色小颗粒，瓶身和白色瓶盖上面粘着些错落有致的装饰，一看就是我家小姑娘的手笔。

小姑娘告诉妈妈："妈妈，这个你可以用的。"

妈妈问："这是什么呀？"

"*Soap*，你洗脸的时候可以涂的。"（肥皂）

"啊，谢谢你。"

星期六早餐的时候，小姑娘不放心，又交代我几句："爸爸，你记得提醒妈妈，用我送给她的瓶子里的东西。

"好的。"

"用完了可以不把瓶子扔了吗？我要用它装别的东西。"她又跟了一句。

说完这话，小姑娘去上中文课了。下课带回来一副色彩艳丽的图画，居然用中文写着"妈妈我爱您"。虽说平时在家我们尽量跟她说中文，但写字是最近刚刚开始练习的，这几个字笔触之流畅大出我的意料。

"这是你写的？"我问。

"不是，是老师写了我描的。"

我将信将疑，细看了一下彩色笔下面铅笔的底稿，字体大小不一，还有橡皮擦过的痕迹，不像老师的手笔。看样子是老师写了模板，小姑娘照猫画虎写下来的。

到了星期天，母亲节的正日子。我问她："你要送给妈妈什么礼物吗？"

"我去给妈妈做一张卡。"

"好的，你去吧。"

"妈妈喜欢白色，"她一边做一边说："可是白色的笔在白色的纸上画不出来。"

"那你换个别的颜色的纸。"我说。

"蓝色。"她自己解决了。

小姑娘一边画一边跟我讲解："这是我们家的院子，妈妈在吊床上，这是妈妈的咖啡。"

我指着最左边的小人问："这是谁？"

"我。"她说："我拿着气球。"

"那这个是谁？"

"这是你，你是男孩，短头发，你拿着花。"

"我为什么只有三根头发？"

"那再给你画几根吧。"

写在她六岁生日之际

小姑娘六岁的生日是在奥兰多迪斯尼乐园度过的。一连几天，把四个主题公园玩了个遍。我知道她喜欢公主，这个年纪的小姑娘谁不喜欢呢？没想到的是她对《星球大战》也感兴趣，凭着学校里跟小朋友们的交流，她对星战的人物比我还熟。

生日前一天我们在迪斯尼好莱坞工作室，看了她最喜欢的美人鱼音乐剧，看了用早期米老鼠黑白动画片和最新技术合成出来的立体电影，还看了《星球大战》演出。傍晚，我们玩了一个星战主题的游乐项目，一个"太空舱"，我和小姑娘坐在前排的驾驶员座位，负责操控飞行器在太空中上下高低躲避袭击，她妈妈和另外三名游客坐在后排负责火力攻击"坏人"。游戏结束，小姑娘兴奋得无与伦比："我们赢了！"

她妈妈也表扬她："是的，你太厉害了！你一点都不害怕，还能控制方向。"

"我们有几次撞上了那些东西。"

"是撞了几次，"我说："可是总体上我们还是飞得很好。"

她望着我，脸上带着真诚激动的笑容："*Did we save the Galaxy?*"（我们拯救了银河系吗？）

我认真地回答："是的，你救了 *Galaxy*。"

她倒是不贪功，说："我们一起救了 *Galaxy*。"

第二天是生日正日子，她妈妈早早安排好了，我们要和迪斯尼公主们共进晚餐。为了配合电影主题，前一天小姑娘穿着一身 *Captain Marvel*（惊奇队长）的服装。而跟公主吃饭的日子自然是公主裙，还不是一般的公主裙，她妈妈买来刚刚上映的《冰雪奇缘 *II*》里面爱莎同款的裙子，又亲手缝上了许多闪闪发光的珠子，小姑娘喜欢得不得了。

"好了，快穿上你的裙子，我们去吃早饭了。"我催她："吃好了才好去公园。"

她有点犹豫："要是吃饭的时候裙子弄脏了怎么办？"

妈妈说："小心点别把它弄脏就好了。"

我也说："今天你都六岁了，不会弄脏的。昨天你五岁就可以拯救 *Galaxy*，今天六岁了肯定可以保护好你的裙子。"

小姑娘这下高兴了："*Yeah! I saved the Galaxy!*"（嘢！我拯救了银河系！）

拯救了银河系的小姑娘果然长大了，一整天玩下来裙子一点也没脏。

晚饭时，看着小姑娘跟《美女与野兽》的贝儿公主、灰姑娘、《美人鱼》的爱丽儿公主、《睡美人》爱洛公主、花木兰一一攀谈、合影、拥抱，看着她望着那些公主时激动又迷离的眼神，我也跟她一起开心起来。

六岁了，感觉就是一转眼的事。新的一年，我对小姑娘自然也有几点希望——当然了，我不会一条一条告诉她，只会做我该做的，去影响她。

1. 自己的事情自己做。就像保护好自己的裙子一样，更多的事情可以慢慢让小姑娘自己学着做。不只是学习一些技能，更重要是培养她的责任感。做自己的事，还意味着学习安排自己的时间，学习专注。

2. 自己的决定自己做。说到责任感，小姑娘也是时候该学习自己做些决定了。

大年初一，加拿大并不放假，虽然是星期六，小姑娘的课外活动都照常开班——一节艺术体操课跟着一节中文课。借着农历新年，中文老师要给孩子们介绍传统文化，要求尽量穿中式服装去上课。小姑娘有好些旗袍，还有一套大红的中式套裙。这些衣服平时很少有机会穿，过年赶快拿出来热闹热闹。星期五她的学校也庆祝中国新年，小姑娘穿了身玫瑰红绣花的短袖旗袍，高兴了一整天。星期六我们想让她换换，穿更有节日气氛的那套大红套裙，于是我就带着这一套出了门。上完体操课，接着转场中文课。出了体操房，我就拿出中式套裙让她换上。

"可是我不喜欢这个裙子。"小姑娘当时有点抗拒。

"这个不好看吗？"我问："过年穿这个正合适。"

"这个袖子硬，不舒服，我想穿昨天那个旗袍，我喜欢那件。"

"可是我只带了这件。要不我们回家去换？"

她想了想："那我们中文课会迟到。"

"还好吧，回家一下基本上是顺路的，不会晚太多。"

"不要。"她说。

"那怎么办？那你就穿这套吧。"

"嗯。"

小姑娘经过一番考虑，不很情愿地但是主动地接受了这套裙子。我有些高兴，不是因为不用回家换衣服少跑几步路，而是因为她自己学会了思考，学会了在不能两全的情况下权衡和取舍。对这么小的孩子，这是一个复杂的思维过程，也是一个艰难的情绪控制的过程，但却是成长中不可或缺的一个重要环节。做父母的，唯有鼓励，多给她一些选择和自己做决定的空间。

3. 自己的钱自己管。如果说纸质货币有什么不可替代的作用，帮助小朋友建立"钱"的概念绝对是很重要的一个。从小吃穿不愁，也极少看到我们用现金购物，小姑娘对金钱的概念是很模糊的。不过渐渐地，她也知道了钱的用处。

有一天我们无意间聊起了洗澡。

"我们小时候没有地方天天洗澡的。那时候多数人家里都没有卫生间，洗澡要去公共浴室。"我说。

"那你要付钱才能洗吗？"她问。

"是的。"

"不对，是爷爷奶奶付钱，因为你那时候是小孩子，你也没有钱。"

过了一阵，小姑娘突然又问起了尿布："你小时候也有 *diaper* 吗？"（尿布）

"有啊。不过我们小时候没有卖 *diaper* 的，都是自己做的。"

"爷爷奶奶给你做的吗？"

"是的。用布做的，每次用完了还得洗，不像现在的 *diaper* 用完就扔了。"

她突然说："自己做的就不用花钱买。"

"是的，可是要自己洗啊，洗尿布很辛苦的。"

"可是我们花钱买的就可以选我们想要的颜色。"

这段对话之前我们完全没有讨论任何跟钱有关的话题，不知道小姑娘怎么想到这上面去的。这不重要，重要的是她开始对钱有了概念。是时候给她开一个属于她自己的银行账户了，这样她可以学习把自己的钱给管起来。

4. 坚持说中文。白天在英文环境下学习这个世界各种千奇百怪的知识，小姑娘的思维已经越来越依赖英文。即使我们在家里尽量不让她说英文，但用中文表达稍微复杂一点的概念对她来说已经是不那么自然的一件事了。再过几个月，小姑娘将进入一所纯法语教学的小学上一年级，坚持说中文会变成更加艰巨的一项挑战。在我看来，多掌握一门语言，绝不只是多一门求生的技能，而是多了一扇认识世界的窗户，更是多了一种思维的工具、多了一个看问题的角度。我不敢指望她的中文能保持母语的程度，但希望她长大后能使用中文进行比日常会话更深入一点的交流，最好还能进行基本的阅读。我们一起坚持。

突然想起来，小姑娘跟公主们吃完饭，吹蜡烛的时候似乎忘了许愿。我不能帮她许愿。这几点是我在她的生日之际许下的我的愿望。

一路走一路嗨

从幼儿园接了我家小姑娘，刚开车离开就接到一个电话。她同班同学 *M* 的妈妈临时有事，赶不到幼儿园关门以前去接她，请我帮忙先把她接出来。这种事情谁家都可能遇到，帮这点小忙本不在话下。于是我掉头回幼儿园去。

"我们得回去接一下 *M*，她妈妈来不及接她。"

"为什么？"她问。

"幼儿园快关门了，她妈妈有事耽搁了来不及赶过来。"

"可是她坐哪儿？我们的车上没有多一个 *car seat*。"（*car seat* 是儿童安全座椅）

小姑娘一边说着一边四处张望，指着她身旁的一个座位说："她可以坐这儿，*M* 比我大，她够大了吗？"

"还不行，"我说："*M* 应该可以坐 *booster*，可是我车上也没有 *booster*。我们把车停在这儿，走路去图书馆吧。"（*booster* 是加高座垫）

儿童安全座椅在加拿大是法律规定必须使用的。规定很具体：新生儿座椅的安放必须面朝后，达到一定体重以后才能调过来面朝前，再达到一定的身高体重标准（一般 5 岁左右可以达到）才可以拿掉安全座椅改用增高坐垫，直到 8 岁或者身高 1.45 米或者体重 36 公斤满足这三个条件之一才能直接坐在汽车座椅上不使用其它辅助设备，而且 13 岁以下不能坐前排。

好在不远处有社区中心和图书馆，走路也就是十几分钟。

回到幼儿园跟老师说明情况，老师循例给 *M* 的妈妈打电话确认，然后让 *M* 收拾东西跟我走。*M* 比我家小姑娘大些，是个沉稳安静的姑娘，两个人平时十分要好。一听这话，*M* 立刻朝我家小姑娘飞奔而来。这个超出日常作息惯例的安排让两个小姑娘都兴奋不已，手拉着手，互相高喊着对方的名字，大笑着，蹦蹦跳跳走出了幼儿园。

往图书馆去的路上，每一个新"情况"都能让两个小姑娘叽叽喳喳半天。虽说天天经过，但都是坐在车上，从没有步行走过这段路，更没有两个人一起走过。看到路边一块石头，捡起来研究一番。低洼处积出一块巴掌大的水凼，不由分说就前后脚踏了进去，泥浆溅在身上，两个人相对大笑。一边笑，一边你追我赶着猛往前跑。我只能跟在后面提醒她们到了路口得停下来。

两个小不点儿像两串欢快的音符，搅得整条街的调子都跟着升起来了。六月正是天长夜短的时候，这会儿离日落还早。太阳透过树叶把影子斑驳地洒在地面，似乎只为了能让两个小姑娘去尽情踩踏。只有这时候我才意识到朋友对于这个年龄的孩子是多么重要。

居住方式的改变和日常生活半径的增加使得现在的孩子已经很难有机会在放学之后还能经常跟一群同学在一起无拘无束地玩耍。即便是邀请要好的朋友参加生日派对或是聚在一块儿游戏，都需要父母们事先安排筹划周详。我们的生活充满了目的，很难容纳超出计划之外的事件，孩子们的世界也因为变得井然有序而少了几分天真烂漫。

M 的妈妈来了，两个明天还要见面的孩子却难分难舍。我不由得有点感激这个意外的小插曲，凭空地在这个普通得不能再普通的傍晚给我们如时钟一般准确的日常生活增加了一抹色彩，为两个孩子，也为我自己。

皮诺曹的鼻子

初秋的一个傍晚，跟我家小姑娘在家门口散步，目的地是三分钟之外的一个小公园。我不紧不慢地走着，小姑娘时徐时急，一下子疯跑几步超到我前面，一下子又看见个什么忽地停顿下来。

"爸爸，你看。"小姑娘一边说一边从地上捡起来一个螺旋桨似的小东西，显然是刚刚从树上飘下来的。

"什么呀？"我问。

"跟我玩 *Pinocchio's nose*。"（皮诺曹的鼻子）

我一下子没明白过来："怎么玩？"

"你看！哈哈哈。"一边说一边拿起一片"螺旋桨"，两翼分别贴在鼻梁两侧，中间就高高地凸起一块，像极了童话里说了谎话的皮诺曹。看她这么轻车熟路，不用问，又是在幼儿园里学来的。

这其实是枫树的种子，包裹在薄如蝉翼的两片护翼之间。护翼相当符合力学原理，飘落下来的时候打着转，像我们小时候玩的竹蜻蜓，从那么高的树上掉下来也不会把娇贵的种子摔疼，一阵风还就能把它带到远些的地方，不至于太过拥塞。别的树可能也有这样的护翼，我没留意过。就连这满街都是的枫树，要不是小朋友拿它当了玩具，我怕还不会正眼瞧上一瞧。

人到中年，生活中多的是一件接一件需要完成的任务，哪有那么些闲情逸致去品味自然造物的精巧。孩子的眼睛，为我打开了一扇重新认识世界的窗口。

比如松鼠，虽然天天见，但从这扇窗口又重新走入了我的视野。别处的松鼠多数是棕色或灰色，棕色的有的偏红一点有的偏黄一点，灰色的通常个头略大一些。多伦多一带，这两类松鼠都有，但数量不多，占绝对优势的是黑色松鼠，尾巴大而蓬松，毛色光亮，灵动而优雅。

优雅归优雅，带给我的却是烦恼多过快乐。顾名思义，松鼠自然喜欢松树。我家院子里偏巧就有几棵很粗大的松树，枝叶繁茂，从下面根本看不到顶，只常常听到树上悉悉索索的声音，一准是松鼠在上面嬉戏追逐。虽是我的领空，它们愿意来我也没意见，只要大家相安无事就好——比如啄木鸟也时不时过来敲敲打打一番，知更鸟也会在上面做窝，我们都相处得很和平。唯独松鼠，不光是光顾，还很不为主人着想。松果成熟的季节，松鼠自然要来我院子里大块朵颐。这些松果里面的松子很小，人没法吃，所以松鼠来吃，我并不反对。问题在于松果有壳，即便是松鼠也不会连壳吃，必定要剥去外壳吃里面的松子。有一天我在两棵松树之间挂起一张吊床，刚躺下想看几页书，就被一个硬硬的东西打在头上。一看，原来是剥下来的松果皮。这样的事倒是不常发生，因为我不常有空可以躺在树下。我不在树下的时候，松鼠自然没法把吃剩的松果壳扔在我头上，但它们会把它扔在树下的草地上。要不了两个星期，树下就是一片狼藉，瓜子壳大小的碎屑跟草纠缠在一起，扫都没法扫。

对这些，我家小姑娘倒是不以为意，依旧把松鼠当成她的朋友，干什么还都想着它们。

有一天她说："爸爸，这个苹果太大了我吃不完。"

"吃不完你放着吧。"我说。

"可以把剩下的给松鼠吃吗？"

"你猜它们会吃吗？"我问。

"会的，或者它们可以把它藏起来冬天再吃。"

松鼠在过冬以前会搜罗些食物，刨个洞埋起来，等冬天找不到食物的时候取出来吃。不过，埋下去的东西一多半它们都会忘记埋在了什么地方，自然界中许多植物就靠这些松鼠把自己的种子播撒出去，而对居民来说，谁也不愿意却谁也没法避免被松鼠在自己院子里刨出些洞来。

松鼠的这些在大人眼里不招人喜欢的行为，在小姑娘那里却是十分有趣的。看着松鼠衔一块不知从哪儿弄来的苹果忙忙碌碌地在地上或树上窜来跳去，小姑娘能乐好一阵。因为在她眼里，这一切都是那么自然。

不但松鼠是自然，就连虫子都是。一次在外面玩儿，草多又近水，蚊虫不停地骚扰。她妈妈给她喷上些驱蚊水，边喷边说"虫子真多"。小姑娘突然来了一句"*It's nature*。"（这就是自然）

没错，这就是自然，不以人的好恶而划分善恶。

自然的概念还拓展到了更大的范畴。小姑娘一两岁的时候常看一套绘本，里面有一本《小熊请客》。小熊请了森林里很多小动物去他家做客，唯独没请好吃懒做还常常偷别人家东西的小狐狸。小狐狸央求小猫、小狗、小鸡，可他们都不愿意带他一块儿去。到了请客的那一天，小狐狸于是决定自己登门，可是却被小熊小猫小狗小鸡一块儿给打了出去。故事的主题是教育小朋友不要好吃懒做更不能偷东西，可每次看完这本绘本，小姑娘都若有所思。有一次小姑娘终于忍不住了，说："爸爸，我想请小狐狸来我家做客。"

"为什么呀？"我问。

"小狐狸好可怜。"

"是因为大家都不跟他玩吗？"

"嗯。"

"小狐狸偷东西，所以大家才不跟他玩。你要是请他来，他把你最喜欢的东西拿走了，你还会请他来吗？"

小姑娘沉默了，想了一阵，坚定地说："还会。"

夏日的烟花

有个段子，问谁是你最喜欢的古代诗人。答案是屈原，因为别的诗人只留下一堆诗让语文老师逼我们背，而屈原留下了好吃的粽子和端午假期。如果问加拿大人谁是你最喜欢的英国君主，按着这个套路，答案该是维多利亚女王，因为她给加拿大人民留下了一个法定假期——维多利亚日 (*Victoria Day*)。

如今，维多利亚日虽然仍然在某种程度上展示加拿大与英国君主之间的关系，但更多地已经演变为一个民俗节日。对寒冷的加拿大来说，5月下旬的维多利亚日标志着夏天的到来。而对我家小姑娘来说，更为重要的是烟花。一般来讲，燃放烟花爆竹在加拿大是被禁止的。全年只有国庆节 (*Canada Day*, 每年7月1日) 和维多利亚日这两个节日之前的一周允许零售商出售烟花，许多地方政府和社区也会在这两个节日期间燃放烟花。

四岁以前，看烟花一直是小姑娘的一个心结。以多伦多的纬度，加上夏时制，夏天的晚上差不多要到十点天才会黑下来，放烟花自然要等到天黑。小朋友作息规律，很难熬到那么晚不睡觉。三岁那年的加拿大国庆节，小姑娘闹着要看烟花，信誓旦旦一定不会睡着，可是依然没能撑住，事后提起还常郁闷。

过了四岁，小姑娘自然更加激动地想要看烟花，并且把这事儿当成了"长大了就可以做的事"之一。这天的烟花照例还是晚上10点开始，按着小姑娘平时的作息她是撑不到那会儿的，所以我们也没计划要带她去看。没想到，疯玩了一整天，傍晚回家路上小姑娘在车上睡着了，一觉睡到8点过。心里记挂着这事，小姑娘一醒来第一句话就是看烟花："我们去看烟花吧。"

她妈妈说："你还真要去啊？该睡觉了。"

"我睡醒了，我要去。"

匆匆吃过晚饭，找了一个离家不太远的烟花表演地点，驱车前往。一路上小姑娘兴奋之情无法掩饰，无法掩饰的表现就是开启话痨模式。

"你看过烟花吗？"我问她。

"没。"她承认。

"哈哈。去年你说要看烟花结果没等到就睡着了。"

"可是今年我已经 4 岁了。"

"是的，你长大了。"

"你知道吗？*Nevin*（她幼儿园的同学）比我小，他才三岁半。我已经 4 岁了。*Nevin* 四岁的时候我已经四岁半了，*Nevin* 四岁半我就五岁了。"

打那以后，看烟花就成了重要节日庆典的"必修课"。即便不是节日，有人组织放烟花，小姑娘也是逢场必到。

Unionville 是多伦多北边的一个古镇，现在已经跟市区融为一体，但街道店铺仍然有意识地保留了一百多年前的风貌，成为一个居民住宅和旅游景点合而为一的街区。每年五六月间这里会举办热闹的街头节日，有吃有玩，晚上还有烟花。这地方我们来过很多次，可是小姑娘五岁这年的活动是我们第一次在这里等着看烟花。

活动主办方给出的烟花时间表是"天黑"开始，于是我们在天擦黑的时候就傻傻地来到放烟花的湖边等着了。8:20*pm*，我看了一下天气预报，日落时间是 8:53*pm*。到了 9:00*pm*，湖边聚集的人渐渐多了起来，不过还是没有一点要开始的意思。好在有音乐，小姑娘自顾自地在湖边草地上就着音乐跳舞，一点也没有显出等待的烦躁。正跳着，不远处闪出一些火光，似乎还有人举火而舞。我们凑过去，原来是手持的冷烟花。一个中年男人，带着好几个男孩，一根根地把烟花棒分给孩子们。小姑娘看得目不转睛，兴奋的表情透过漆黑的夜都能看得见。那中年男人见了，点燃一根烟花棒送给我们，问我："我可以给她一支吗？""当然。谢谢了。"我答道。小姑娘只顾得开心，有点害怕又跃跃欲试地接过来。

“你要说什么？”我对小姑娘说。

“谢谢。”

那人已经走开了，没有听见。

“好玩吗？”我问。

她点点头：“嗯。”

“害怕吗？”

“不怕。”

一支烟花棒几秒钟就烧完了。小姑娘兴奋地举着它向妈妈跑过去，还没到就没了。

“妈妈，我们放过烟花了。”

“哪来的烟花？”

“拿在手里那种，人家在玩，给了我们一根。”我答道。

“好玩吗？”

“好玩。”小姑娘说。

“真棒！真正的烟花马上就开始了。”妈妈说。

很快，烟花”嗖”的一声从湖对岸腾空而起，在夜空中绚丽地绽放。小姑娘睁大眼晴，一边欢呼，一边用手捂着耳朵。

“哦，好漂亮。”我故意大声说。

小姑娘兴奋起来：“我喜欢那个蓝色的。”

“那边又来了。”

“我喜欢那种没声音的。”

我安慰她：“放烟花是会有声音的，有一些声音小一些。”

“我喜欢没声音的。*The sound makes me headache.*（声音吵得我头痛。）”

看了一会儿，小姑娘继续捂着耳朵，没感觉她被吵得头痛，因为她一边看一边又生出好多问题来：“今天是什么节？”

“这是 *Unionville Festival*。”我说：“*Unionville* 是这个地方的名字，搞一个节日出来给大家玩。”

“是 *Unionville Festival* 节吗？”

“是的。”

“*Festival* 是一个地方吗？”小姑娘穷追不舍。

“*Festival* 就是节日，*Unionville* 是这个地方。”

“所以要放烟花吗？”

“是的。”

她又问：“这些烟花是有人放的吗？”

“是的。”

“可是那些人在哪里？我看不见。”小姑娘不依不饶。

“人都躲起来了，不能在烟花边上。”

“遥控吗？”

“是的。都是事先设置好的。”

“控制好了就会自动放吗？”

“是的。”

“我猜他们在车里。”她凡事都要得出令自己满意的解释。

“有可能。”我说。

“烟花会不会掉下来烧到我们身上？”小姑娘又开始操心下一个问题。

“不会的，”我说：“我们站在一个安全的地方。”

“那会不会掉到房子上把房子烧了？”

“不会的。”

“会有消防车在旁边吗？”

“是的。”

“那救护车呢？”

“也会有的。”

“也有警车，我刚才看见了。是警察在放烟花吗？”

“可能是吧。”

“消防车和救护车会在街上跑来跑去。”

“不会的，他们在旁边等着就行了，怕万一出事，不用在街上跑。”

真不知道怎么看个烟花也能想这么多。问完一大波问题，小姑娘终于继续关注烟花，一边看一边配音。

她大叫一声："啊——"

我问："好看吗？"

"好看。"她说："看到一个好看的你就得跟我一起叫'啊——'。"

于是我们俩一起大叫："啊——"

她大叫一声："啊——"

我问："好看吗？"

"好看。"她说："看到一个好看的你就得跟我一起叫'啊——'。"

于是我们俩一起大叫："啊——"

满城尽披猛龙甲

2019 年 6 月 14 日，星期五。早上我照例到我家小姑娘的房间叫她起床。进去的时候她已经醒了，迷迷糊糊地在床上粘着。

看我进来，小姑娘问："*Did we win?*"（我们赢了吗？）

"你猜。"

"我不知道。"

"你猜一下看。"

"赢了？"

"我们赢了。"

"*Raptors* 赢了四场，另外一个队只赢了两场。"

"是的，猛龙赢了总冠军了。"

"*Yeah! Go Raptors Go!*"（猛龙加油！）

我也一起叫："*Go Raptors Go!*"

她又补上一句："那个蓝色的队输了。"

"那不是蓝色的队。那叫勇士。昨天他们穿的是黑色的衣服。"

"上次他们穿的蓝色。我猜他们有两件衣服，一件拿去洗了。"

头天晚上这场历史性的比赛 9 点开始，五岁的小姑娘被我赶去睡觉了，没看成。其实也不是没给她选择。我们平时的政策是要看电视先做作业，每天的屏幕时间只有 20 分钟，周末节日可以适当放宽。星期四这天也是一样。

我问她："你晚上要看球吗？"

"要要要。"

"那你先去做两张中文作业。"

"可是我也想看我自己的电视。"

"那你看 10 分钟吧。吃完饭，洗好澡，你再来看 10 分钟篮球。"

做完作业，小姑娘权衡了一下利弊，变卦了："我改主意了，我想看我自己的电视。"

"好吧。你要看什么？"

"米老鼠。"

果然是伪球迷。上一场比赛她看了十几分钟，一直兴奋不已，从头到尾嘴没停过。不过，除了球衣的颜色，别的估计没弄明白，所以这次决定放弃看球专心看动画片。

作为伪球迷她爸，我也是个伪球迷，然而猛龙夺冠还是让已经在多伦多生活了十几年的我十分激动。来多伦多之前，我在至少七八个城市生活过，却没有一个城市有过任何球队夺冠的经历。这次猛龙的胜利对于多伦多来说也是久违了。这个为冰球痴狂的城市拥有一支曾经辉煌的枫叶冰球队，然而他们上一次取得 *NHL* 冰球联赛冠军是在 1967 年。而蓝鸟问鼎 *MLB* 职业棒球大联盟，也已经是二十多年前的 1993 年，那时候猛龙还没建队。经历了如此长久的等待，多伦多有足够的理由为猛龙的胜利狂欢。

我工作的地方离猛龙的主场很近，周五下班特意去看了一下。承载了球迷喜悦欢腾的"侏罗纪公园"正在拆除，大屏幕上赫然打出感谢球迷的广告。主场内官方纪念品商店门口排着长长的队伍，人们等候进场抢购冠军球衣球帽。

随手拍了两张照发在朋友圈，立刻就有人问我买了球衣没有。我一个伪球迷，当然不会去排那个队。不过这个问题倒是让我猛地一惊——是啊，我一个伪球迷，兴奋个什么劲呢？

吃晚饭的时候我们跟小姑娘又聊开了。

她妈妈问她："你们今天在学校里聊 *Raptors* 了？"

"我们赢了！"

我问："你们班上昨天有人看球了吗？"

"罗丝贝尔看了，马克看了，朱利安也看了。"

“那么多人都看了。”我说。

“*Even Ms. Zahar did.*”（甚至莎拉女士也看了）莎拉女士是她的老师。小姑娘居然用了 *even*（甚至）来表达她的惊奇。在她的世界中，大人和小孩一起津津有味地看同样的节目是一件不可思议的事情。这种神奇的力量也许来自体育比赛本身的魅力，也许来自球队带给这座城市人们的归属感，也许来自单纯的快乐。不管怎么样，连我和我家小姑娘这样的伪球迷都能为之激动，猛龙真猛！

GO RAPTORS GO!

在多伦多看中国阅兵

对于小朋友，看电视真是一把双刃剑。看，可以对更大范围的世界有一个直观的认识，坏处不用说了，除了对眼睛的伤害，现在更有研究表明过早过多接触电子设备会对大脑发育有一定的影响。我家小姑娘在两三岁以前基本上是对一切电子设备零接触，三岁以后渐渐开始有屏幕时间。到现在也不是每天看，看也不能超过 20 分钟。这 20 分钟指的是屏幕时间的总和，包括电视、手机或平板电脑上的游戏等等。执行得不算严格，但大体上不出这个框。

这就带来了一个问题，在有限的屏幕时间里，我有时候想让小姑娘多接触一些中国的东西，比如给她看看熊猫、孙悟空，但她却总是想要看她的那些公主动画片。为了让她看些中国视频，有时候就不得不破例延长一点屏幕时间，比如春晚，比如国庆阅兵。

由于时差，国庆 70 周年阅兵开始的时候小姑娘已经睡了，她是第二天补看的。

"来来来，给你看看中国的国庆阅兵。"我叫她。

打开分列式的视频回放，看到飞机载着国旗起飞。小姑娘大叫："那个是中国的 *flag*（旗帜）。"

"是的。"我说："你看飞机拼出来一个什么字？"

"70。"

"是的，是国庆 70 周年。"

"是中国的生日吗？"她问。

"是的。"

"明年就是 71 岁了。"

仪仗队率先走了过来，旗手们高举着国旗。小姑娘对旗杆上的装饰产生了兴趣："他们为什么举着红缨枪？"

"那是旗杆。"

"可是那上面有个尖头，就跟哪咤的红缨枪一样。"

我无语。

"你看，变正步了。"我跟她说。

她祭出她的经典动作，用手一敲额头："*O my God. Like robots.*（天哪，像机器人一样。）"

"是不是很整齐？"

小姑娘兴奋不已，跟着踏了起来。

她突然说："他们穿的不同颜色的衣服。"

"那是不同的军种。穿白色的是海军，蓝色的是空军。"

"那些黑的呢？"

"那是深绿色，是陆军。"

"*Mini Force* 也是陆军。"小姑娘来劲了。*Mini Forces* 是她最近喜欢的一个动画片，中文译作"迷你特工队"。

"是吗？他们会飞吗？"

"不会。他们会跳得很高，可是还是在 *ground*。"（地上）

"那就是陆军。"

她继续问："有没有空军是真的会飞的？"

我说："有啊，他们开战斗机。"

"*No*，我是说不是开飞机，是那些人真的飞起来。"这么搞笑的问题，说着说着她自己就咯咯笑起来了。

看到导弹的时候小姑娘又展示了她"忧心忡忡"的本色："那是什么？都没有人。"

我说："那是导弹。它可以自己飞很远去打坏人。"

正好解说词也在介绍导弹。

她听见了，说："我听到她说'导弹'。"

“是的。”

“可是他们要是 *by accident push the button*，导弹飞出去了怎么办？”（不小心按了按钮）

天知道她怎么会知道按按钮这事。她的问题我也不会回答。希望那些按钮永远也不会有人去按。

波兰节看印度人卖泰国菜

多伦多刚刚过去的这个夏天一如既往地被各种街头节日充斥。从初夏的意大利美食节，到人头攒动的希腊美食节，不冠以美食之名却摆满小吃车的华埠节，几乎每个周末都有不止一个活动在某个地方等着。节日之名目繁多，连我们在多伦多生活了十几年也还没能尽数打卡。

今年新打卡的一个是波兰文化节。9 月的一个周末，两个不同的社区分别办起了乌克兰文化节和波兰文化节。两个地方距离不算太近，我们只能二选一。前两年去过了乌克兰节，于是这次就选择了波兰节。

虽说都是东欧，这两个国家的移民潮却各有渊源。加拿大有大片农田和牧场，乌克兰有大量农民和牧民。几十年来，不少乌克兰移民来到加拿大从事农牧业，犹以洛基山以东沃野千里的草原三省农业区最为集中。作为经济中心的多伦多自然也陆续吸引了不少乌克兰移民。而波兰移民更为复杂。在很长的时期，波兰民族失去了他们的国土，散落在世界各地。此后，波兰又成为了冷战两大阵营交锋的前线。在这种背景之下，波兰移民所在皆是也就不奇怪了。

几年前的乌克兰节，我家小姑娘还不到 3 岁，第一次见识了化妆登台表演的舞蹈，台上的乌克兰大妈们身着五颜六色的民族服装翩翩起舞，台下小姑娘手之舞之足之蹈之，不亦乐乎。今年去波兰文化节，5 岁多的小姑娘懂得的东西更多了，参与度更高，爱干什么不爱干什么也更有主见了。

其实，去这种街头文化节玩，干什么并不重要，最有意思的是不用长途跋涉，在短时间里面就可以体会一番异域风情，尽管这种风情多少会有些"变味"。波兰文化节跟所有街头活动一样，少不了美食。不过细看之下，现场

除了 *Pierogi* 这种波兰特色的食物，也有那些在任何街头活动都会出现的摊贩，比如烤玉米、旋风土豆之类。此外，街头活动的主办方通常是某个街区的商业协会，其目的固然是弘扬传统文化，也是为本街区的商户聚聚人气多卖点东西。自然，本就开在这条街上的餐厅少不了也会在自家门前摆个摊子卖点快餐。这条街虽说是波兰裔移民聚居地，但相比于小意大利、希腊区、唐人街这些餐馆林立的地方，波兰街上的波兰餐厅实在乏善可陈，于是也有不少非波兰风味的餐厅开在了这里，他们也不甘人后，在波兰节上一展与波兰无关的风采。我们走在街头，晃眼就看到了一家泰国餐厅摆了一个摊子在自家门口，更绝的是这家开在波兰街上的泰国馆子，"当垆"的却是两名印度姑娘。这样的"杂取种种，合成一处"，舍去多伦多可能也没几个地方能见到了。

文化的浸染，对于生长在英语环境下的中国孩子，一个重要的环节当然是接受中华文化的熏陶。这个夏天，除了波兰节，当唐人街办起一年一度的"多伦多华埠节"，我们自然也带着小姑娘去凑热闹了。

多伦多的唐人街跟海外许多城市的都不太一样。旧金山这些地方历史悠久的唐人街现在已经差不多沦为一个旅游观光景点，没有多少真正的生意和生活。而多伦多的唐人街则不同。一方面，地处城市中心，无法容纳众多移民，这里已经渐渐不再是新一代移民聚集的地方。不少人，包括我自己，已经很多年没有去过了。而另一方面，市中心的唐人街跟多伦多大学只有一街之隔，留学生的涌入也带旺了这里的生意，不断地给它注入新的元素。所以，多伦多的中国城是一个独一无二的组合，既有一百年前那些老移民的后代继续生活在这里，又有新鲜血液与之杂糅。这样一来，"华埠节"上出现的各种"混搭"也就大可超越印度人在波兰节上卖泰国菜了。

整条街道封闭了起来，摆满各种摊位，既有表演也有文化活动。今年的主题是十二生肖，小姑娘早就熟得倒背如流，在这里看到挂着生肖图案的摊位立马就来了兴致，什么都想去试试。一个少林武术的摊位前摆着练功的软垫，有师傅现场教学，感兴趣的不管大人孩子都可以去练上一练。武馆当然是借此招生，希望有更多的人去正式学习。

小姑娘也上去练开了。这时候我才注意到，整个摊位只有一位教拳的师

傅是中国人，做示范的、发广告的、登记材料的全都不是中国人。少林师傅
一边讲着，旁边的白人大师兄一边就拉开架势做起了动作。一两个动作做下来，
小姑娘兴奋得不到了。

她叫道："嘿——嘿——"

我也叫："嘿——嘿——"

"我会打拳了。"她说。

"厉害！"我说。

跟白人师兄练完少林拳，又逛了一圈，小姑娘参加的十二生肖寻宝活动
为我们赢了一张批萨店的礼券。在老派港式茶餐厅、东北饺子馆、成都串串
林立的中国城，居然隐藏着一家新潮装扮的批萨店。卖的批萨也很独特，各
式秘制馅料，混搭了越南、韩国食材。搞来一块批萨，我们又回到街头，坐
下来一边吃一边看节目。

舞台上几个不会说中文的亚洲面孔组合了一个乐队，吹拉弹唱一番把台
下的气氛越推越高。几轮演唱之后，换下琴凳，摆开了软垫。很快，跆拳道
表演开始了。我一看就笑了。上场的师傅是一位挺着大肚子的中年白人男子，
一大圈络腮胡子，看上去更像是练的美式摔角。台下还一位，是这个拳馆的
班主，年纪不小了，看样子似乎是拉丁血统。徒弟们有男有女，最小的大概
不到十岁，大的却有二十好几，白人黑人都有，就是没有一个韩国人。表演
倒也精彩，我却一直无法专注，因为这样一个在华埠节上由一群黑人白人表
演的韩国跆拳道实在是太有喜感了，除了多伦多，恐怕再也找不出像这样多
元文化融化的例子了。

其实这一天的华埠节之行本身就满载着多元文化的印记。早上出门，我
们的第一站是位于市中心的 *Dundas* 广场，今天这里带节奏的是"泛美音乐
美食节"。在这里，我们第一次看到了 *capoeira*，这是一种源自巴西的舞蹈，
武术动作配上音乐，动作繁复，技巧夸张，节奏鲜明，看得人血脉贲张。这
种舞蹈始于 16 世纪，是那时候从非洲来的黑奴和巴西土著在一起生活劳作交
流而产生的，不但是武术和音乐的混搭，也是不同文化的杂糅。看完舞蹈，
我们坐下来吃了些拉美特色小吃。虽说去加勒比海度假已经不是一次两次了，

可这里仍然有许多我们从没见过的拉美美食。

吃过午饭，我们等了一会儿公交车，看着站台上人越来越多车却不见踪影，于是我们决定穿过闹市区步行前往唐人街，反正也不远。走到半路上才明白为什么看不到公交车，原来一队展示印度文化的游行花车正从这里经过，临时封路。印度文化，自然少不了色彩艳丽的服饰和宝莱坞式的载歌载舞，我家小姑娘自然又跟着跳了起来。

就这样，一天之内，我们从巴西到印度再到华洋杂处的唐人街。就这样，几周之内，我们逛完唐人街逛完游乐场又去逛波兰街。

这个夏天奇幻般的文化穿梭其实只是多伦多的日常。有一次，幼儿园老师跟我说小姑娘时常在跟班里几个中国孩子讲普通话。老师怕我误会，忙说，这是好事，应该让她们了解传统。接着又说，几个中国孩子不但相互讲中文，还对着一个韩国孩子也讲中文。老师呵呵一笑，说："我是意大利人，每次我见她们说中文，我就凑过去跟她们说意大利语，她们也跟着我说。"

小姑娘早已经换了幼儿园，现在的老师说波斯语，孩子们有说西班牙语的有说菲律宾语的还有别的。平时上课自然是英语为主，加上些法语，但小姑娘时不时也带回家几句西班牙语什么的。话里的这些"零碎"就跟教少林拳的白人大师兄和波兰街上的泰国餐馆一样，是这座城市文化马赛克当中的几片——拆开来看不明白，拼起来或许就成了另外的一幅画面。

第一次进电影院

第一次看电影绝对是小朋友成长路上一个有纪念意义的标志性事件。

知道有电影这回事，大概是两三岁吧。两岁以前我们家基本是零屏幕时间，后来慢慢看点动画片，但关于电影的概念更多地来自幼儿园与老师和小朋友的交流。当她第一次哼出《冰雪奇缘》主题歌的调子，我们还不知道她在唱什么，因为我和她妈妈都没看过这部电影。后来就一发不可收拾，《冰雪奇缘》里面的歌，小姑娘一首首地都会了，还时常弄块被子什么的披在肩上当是爱莎的披风，或是有样学样地把手套往空中一扔。这些动作都是跟着歌曲的片段学来的，这部电影却没有完整地看过。

稍大一些以后，见她如此热衷，我们也就把《冰雪奇缘》作为第一部电影给她看了，当然是在电视上。是白天看的，明亮的环境，熟悉的歌曲，亲切的人物形象，小姑娘看得颇为认真。不过，时间长了还是坐不住，分两三次才看完。当反派汉斯出现的时候，小姑娘大概也是第一次惴惴不安地发现电影里面原来还有坏人。从那时候开始，"他是好的还是坏的"就成了时常出现的一个问题。

三岁那年夏天，沙滩上有露天电影，小姑娘兴致勃勃地想要去看。多伦多的 7 月，晚上 9 点天都还有点蒙蒙亮，露天电影早不了。问了她几次，小姑娘坚持要看，我们也就耐着性子等着，席地而坐用的毯子、防蚊水、吃的喝的，全副武装。在问了无数次"什么时候开始"之后，天终于黑了下来，电影开始了。不到 5 分钟，小姑娘就不敢看了。黑，累，加上大银幕强烈的声光刺激，小姑娘就挤在妈妈怀里嚷嚷着要走了。我们落荒而逃，刚上车她就睡着了。

再一次说起看电影就是在游乐场，那种 5D 立体动感电影。看见一个小屋子，小姑娘就害怕了，不肯进去，动员了好多次，总算是连哄带骗地把她诓了进去。巨大的座椅，安全护栏放下来，戴上 3D 眼睛，还没等关灯，这阵势就够吓人的了。故作镇静了一下，小姑娘还是没忍住，又一次落荒而逃。

又过了差不多一年，在上海迪士尼。"飞越地平线"是一个类似于的动感电影的游乐项目，椅子升起来悬在空中，伴随着巨大环幕，仿佛置身滑翔机上，从地球上那些最精彩的风景上空飞过。在得到"不黑"的承诺之后，小姑娘半信半疑地走了进去，紧张而安静地体验了飞越的感受。走出来，妈妈还想再去一次，可小姑娘说什么也不愿意了。从那以后小姑娘每次一听看电影就大摇其头。

转折出现在五岁的夏天。7 月，休假，住在一个湖边小镇。听说当地的公园里有露天电影，玩得兴致高了，小姑娘就嚷嚷着要去。好容易等到天黑，可电影一开始就有"坏人"出现。加上画面有点黑，声音有点大，小姑娘又有点害怕了："他们是坏的吗？"

她妈妈安慰她："没事的，一会就好了。"

好在这部电影虽然是第一次看，但主题曲非常流行，学校老师常常用这首曲子带着孩子们跳舞，所以小姑娘揣着她的害怕还是继续看了下去。看到一半，小姑娘越来越投入，眼睛都不带眨一下的。蚊子却也越来越多，我们给咬得受不了了，她却像没事人一样，只顾着看电影。

妈妈说："我们不看了吧？蚊子太厉害了。"

她不干了："我要看。"

我说："那我们去车上吧，离得不远，也能看得见。"

看完这次露天电影，一发不可收拾，几乎每周都要去看一场。好景不长，暑假匆匆过去，没人再放露天电影了，小姑娘也就不提这事了。

10 月去纽约旅行，出于我对剧场的热爱和小姑娘从小到大对《冰雪奇缘》的一往情深，我们特意去百老汇看了一场《冰雪奇缘》音乐剧。随着剧情推进，满剧场的小姑娘们尖叫声此起彼伏。我家小姑娘不但对剧情、歌曲钟爱有加，还对台上的演员格外关心："她们要学吗？"

"当然要学，"我说："什么事情都是学了才会的。"

"她们小时候就要学吗？"

"是的，学唱歌，还要学演戏。"

也是巧了，11 月，迪士尼在时隔 6 年之后终于推出了《冰雪奇缘 2》电影。于是，事情就变得顺理成章了。在听过主题曲、看过电视机上的《冰雪奇缘》、一连三年每年一场"冰上迪士尼"表演和百老汇的音乐剧之后，我家小姑娘终于在爱莎和安娜的感召下走进了电影院。

怕她怕黑，她妈妈趁着开场前的广告时间帮她做些心理准备："等一下电影院里面的灯会暗下来，旁边你看那边有一排小灯，那些灯还会亮着。"

"为什么？"

"灯关掉才能放电影啊。但是银幕上是亮的，所以你不用害怕。你靠着妈妈就好了。"

……

看着广告一个接一个，电影还不开始，小姑娘有点不耐烦又有点紧张："灯怎么还不暗？"

电影的音乐似乎没有第一部那么多，也没有 *"Let It Go"* 那样特别激动人心的旋律。不过这不重要，跌宕起伏的故事，穿插着搞笑的情节和对话，加上华丽得有些惊艳的画面，小姑娘看得聚精会神，直到散场，没有一丝走神。

回到家，小姑娘还沉浸在剧情中。

"安娜当了 *Queen*，要是她跟克里斯托夫结婚，那克里斯托夫就成了国王了吗？"她问。（女王）

"对哦，"妈妈说："这是个好问题。"

"当然不会，就像英国女王，她的丈夫是 *Prince*，不是国王。"我说。

妈妈于是接过去，说："那克里斯托夫就成了 *Prince*。"

小姑娘高兴了："*Yeah!*"

我问她："你下次还想看电影吗？"

"我想看《冰雪奇缘 3》。"

"那你要等人家拍出来才行。"我说。

“现在没有吗？”她有点不甘心。

“没有。第一集是还没有你的时候拍的，过了这么多年才拍了第二集。说不定拍第三集的时候你都有小 *baby* 了。”

“啊——”

送给老师的圣诞礼物

　　加拿大人喜欢送礼物，不在东西贵贱，看重的是一份心意。至亲好友之间，生日、重要纪念日，这是免不了的。普通的社交圈子和同事之间，遇上节日也有不少人互赠礼品。比如情人节，在西方这个"情"字比爱情要宽泛得多。不但男女朋友和夫妻之间，就连父母和子女之间，师生之间，同学同事之间，互赠情人节礼品是很常见的。在办公室，每年情人节总能收到礼物，最常见的就是巧克力，不必多，有时候是一小包，有时候甚至只是一粒。

　　圣诞节就更要送礼物了。一个多月以前，大家就拉出了长长的需要赠送礼物的亲友名单，然后开始绞尽脑汁想要给每个人买什么礼物。办公室里面最常见的仍然是巧克力，当然还有酒和各种购物卡。职场的礼物不能太贵，许多公司对此都有明确的规定，不论客户与供应商之间，上下级之间，还是普通同事之间，这个度一般是 15 到 25 加元。

　　学校里面大体上也是这样，家长通常都会给老师准备一份小礼物。最省事的办法是买张购物卡，不过总显得诚意不够。想表达心意，就得花心思。要挑一份花钱不多但与众不同的礼物不是一件容易的事情，于是自己动手做就成了许多妈妈的选择，自家做的小蛋糕小饼干永远都是受欢迎的。

　　今年 12 月事情特别多，还没顾得上准备礼物，一转眼就到了圣诞节跟前。这天晚上我们正想着该给老师准备礼物了，小姑娘自己倒忙活开了。我从办公室带回来两份同事送的礼物，漂亮的包装纸一拆开就被小姑娘拿去了。过了一会儿就看她在旁边忙碌着——找出几张她平时画的画，又拿了些小玩具，一份一份地分好，用包装纸包起来。

　　"爸爸，我可以把这个玩具送给老师吗？"她扭头问我。

"为什么呀？"我问。

"因为我现在长大了，我不喜欢这个了。"

别看东西不怎么样，小姑娘在包装上还是很下功夫的。找来的包装纸都很大，她的礼物本来又小，于是里三层外三层地裹了又裹，最后找出两根彩带，想要在礼物包外面扎一个蝴蝶结。虽然包得松散，看上去倒也颇为整齐。最后再一件一件地把她的礼物放在楼梯上，一字排开。

"爸爸，明天别忘了把这个带去学校。"晚上睡觉前她提醒我。

我说："先把这个放起来吧，爸爸要再去准备一些其他的礼物送给老师。"

"和这个吗？"她不甘心。

"这些都是用过的包装纸，再送给别人就不好了。"

她妈妈陪她睡觉，我就开始琢磨给老师的礼物了。时间有点急，来不及自己制作什么了，我只好在圣诞卡的词句上下点功夫，在祝贺节日快乐之外，给每位老师写了几句有针对性的感谢的话。把礼品卡和圣诞卡放在一个信封里，再为每位老师备上一份巧克力。弄完这些，总觉得少了点什么。看着小姑娘给老师准备的礼物，我倒突然有了主意。把那些松散的包装纸拆开，每一份里面都有一张小姑娘平时画的画。

第二天早上我去叫小姑娘起床，却发现她已经醒了。

"哟，你已经醒了？"我说。

"今天有 *Christmas party*。"她道出了早醒的原因。

"快穿衣服吧，起来我们还得干件事。"

"什么？"她问。

"你穿好衣服我再告诉你。"

我把给老师准备的礼物拿出来给她看，小姑娘高兴得手舞足蹈。

"你看，"我跟她说："这儿还有一些你的画。"

"这是我以前画的。"

"我们把这些画也送给你的老师好吗？"

"好。"

"那你在上面写上你的名字吧。"

"我知道，还要写老师的名字。"

小姑娘抓过一支笔，唰唰两下就写好一张。英文的习惯，平时只称呼名而不带出姓，小姑娘的作业上一般也只写名不写姓。让我没想到的是，小姑娘还颇懂行，连名带姓都写在了她的画上。还不算完，接着又写下了老师的名字"*to Ms. Zara*"（给萨拉女士）。

我只顾着把画跟送给 *Ms. Zara* 的贺卡放在一起，小姑娘又伸手拿了另外一张画。

我问她："这张要送给谁？"

"*Ms. Fiorzze*。"她头也没抬："可是纸上都画满了，没地方写字了。"

"翻过来写在背面吧。"我建议。

又是唰唰两下，等我再一回头，背面已经写满了。我一看就笑了，字写得倒是不差，不过这回小姑娘是从下往上写的，她的名字在纸的最下面，老师的名字在上面，中间一行是一个 *to*。

"哈哈，"我笑起来："你这写成了老师送给你了。"

"*It's ok.*"（没关系）小姑娘很宽容地原谅了自己。

把所有礼物都准备好，吃过早饭，准备去上学了。临出门小姑娘突然又有了新的想法。她有一个小背包，有时候会自说自话地过家家，装些"行李"进去，背在肩上假装出门旅行。她的背包里有些什么"宝贝"我也搞不清楚。这时候小姑娘突然冲过去抓起她的背包，拉开拉链，不知道在里面翻些什么。

"快走吧，不早了。"我催她。

她终于找到一把五颜六色的尼龙绸丝带，回头跟我说："爸爸，我想把这些 *bracelet*（手链）送给老师。"

我一看，原来是前几天她自己做着玩儿的。每条丝带绾了一个圈，打上一个结，她要不说，我还想不到那是她心目中的手链。到了学校，小姑娘迫不及待地要把她的手链送给老师。老师倒是比我有见识得多，一看就知道那是手链，连忙接过去，套在手腕上："*Oh such a beautiful bracelet！ I'm going to take the orange one. It's my favorite color. I'll wear it a whole day.*（哦，真是一条漂亮的手链！我要这条橙色的，这是我最喜欢的颜色。我要一整天都带着它。）"

我也趁机送上了给老师的礼物："节日快乐！"

送完了老师的礼物，小姑娘却对自己是不是能收到圣诞老人的礼物有些不放心，毕竟已经她已经盼了很久。今年多伦多的天气有点奇怪，刚一入冬，树叶还没落光，就急匆匆的下了一场大雪。雪化了以后却又异常暖和，眼看着"白色圣诞节"就要落空了。这天走在路上，小姑娘突然发问："爸爸，现在是冬天了吗？"

"是呀。"我说。

她指着车窗外："可是为什么树叶还没掉？"

"那些是常绿树，树叶一边掉一边长，所以一年四季都有树叶在树上。"我告诉她。

她又指着一棵还有几片枯叶挂在树上的枫树："你看这个叶子还在树上。"

"是的，今年天气暖和，都还没怎么下雪呢。"

"那 *Santa* 怎么来？小姑娘终于说出了她担心的事情。这可是个大问题。在她的观念里，圣诞老人是坐着雪橇来的，不下雪雪撬可怎么滑呀？

我只好说："这是个好问题。我猜他会飞吧。世界上有很多地方都是不下雪的，可是 *Santa* 也会去啊。"

"就像 *Australia* 吗？"她问。

"是的，澳大利亚的季节跟我们这里是反的，过圣诞节的时候他们是夏天。"

"那 *Santa* 也会去吗 *?*"

"当然也会去，他也要给那里的小朋友送礼物啊。"

明白了这个道理，小姑娘看上去放心多了。

临近圣诞节，我们去商场里跟"圣诞老人"拍照，小姑娘自己告诉了圣诞老人她希望得到一套书作为礼物。跟"圣诞老人"说完话，她妈妈忍不住夸她："你真棒，自己跟圣诞老公公说了你要什么礼物。"

"我说我要书。"

妈妈突然想起一个问题："哦——对了，你还没告诉他你住哪儿呢，怎么办？"

小姑娘不假思索地回答："他去年来过我家的。"

彼时的胸有成竹到了圣诞节前两天还是变成了对天气的忧虑。

"还有两天就到圣诞节了。"她妈妈说。

"圣诞老公公会来给我送礼物吗？"小姑娘问道。

"我猜会的。"妈妈说。

"我知道我要早点睡，睡着了他才回来。"

"你会有点紧张吗？"

小姑娘一脸迷茫的点点头："会。"

"你知道什么是紧张吗？"妈妈问她。

"不知道。是 *worry* 吗？"

"有点像这个意思吧。就是说你还是会有点担心 *Santa* 不给你送礼物是吗？"

"是。"

"不要紧，"妈妈安慰她："你已经告诉他你要什么礼物了，我猜他会给你送礼物来的。"

"嗯，我那天要早点睡。"

转眼就是圣诞夜了。从 23 号傍晚开始飘起了一些雪花，到 24 号早上起来地上居然薄薄地铺了一层。这雪还不够给圣诞老人滑雪撬，不过看样子"白色圣诞节"是有希望的。早上起来我高兴地叫她："快起来看看外面。"

"啊，下雪了！"

"在这些雪够不够给今天晚上 *Santa* 滑雪撬的。"我有些担心雪积不起来，给小姑娘打打"预防针"。

她看着窗外的雪还只有那么薄的一层，想想可能靠不住，决定还是选取一个比较稳妥的方案："他会飞的。"

圣诞老人来信了

　　还不到十二月，加拿大人就为圣诞节忙碌起来了。也不知道是怎么起的头，所有人都认为圣诞老人住在北极。当然了，否则他怎么会坐着由驯鹿拉的雪橇来给我们送礼物呢？既然在北极，在北极圈拥有广袤领土的加拿大自然是圣诞老人的家乡。于是，对于孩子们来说，给圣诞老人写信是一件重要的事情，不然他怎么会知道我们要什么礼物呢？

　　小姑娘快六岁了，这是第一次正儿八经给圣诞老人写信。她刚刚能够自己拼写简单的单词，写信也是一个"显摆"的机会。

　　"Hello Santa

　　I want a book

　　of Peppa Pig."

　　（你好，圣诞老人我想要一本书，是小猪佩奇的。）

　　倒也快，三两下就写好了，顺手还画了一本书在信上。写完放在一旁。

　　第二天回家，我想起来这信还没寄，于是对她说："我们来把你给 *Santa* 的信寄出去吧。"

　　"好的好的。"

　　我看了一眼她的信："写得真好。可是你是不是得跟 *Santa* 说说你为什么可以得到礼物？"

　　"我不知道。"她说。

　　"你得要告诉 *Santa* 你是个好孩子，他才会给你礼物对不对？"

　　她恍然大悟："哦，是的。"

　　于是又提起笔，写下：

"I am a

good girl

I am 5 and a half."

（我是一个好女孩，我五岁半。）

"很好。"我说："我们来找个信封吧，把信装进信封才能寄出去。"

她却跟我说："我已经做了一个信封了。"她做的信封还真不错，一张纸叠起来，三面用订书钉封好了。

"可是你的信还没装进去呢。"我说。

"哦。"

"我们另外拿个信封吧，这个我怕路上散掉了 *Santa* 就收不到了。"我建议。

于是我们开始写信封。

小姑娘拿着笔，对我说："可是我不知道怎么写。"

"你把 *Santa* 的地址写在信封当中。"我教她。

"写'*Santa*'？"

"对，"我说："第一行写'*Santa Claus*'。"

"然后呢？"

"然后写 *Santa* 的地址。你知道 *Santa* 住哪儿吗？"

"嗯……*North Pole*！"（北极）

"是的。"我教她怎么拼写："写吧。'*N-o-r-t-h P-o-l-e*'。"

"好了。"

"还得写上 *Santa* 家的邮政编码。"我又告诉她："*HoH oHo*"

"这是什么？"她问。

"这是邮政编码。加拿大的邮政编码都是这样的，一个字母，一个数字，再一个字母，然后空一格，接着写一个数字，一个字母，最后再是一个数字。每家人都有一个。*Santa* 的这个，你看数字 o 是不是很像一个字母 *O*？如果把它当成 *O* 的话，连起来就是'*HO~HO~HO*'，听起来就好像 *Santa* 的笑声。"

写完圣诞老人的收信地址，我们接着又在信封的左上角写好了我们家的地址，这样回信就可以寄过来了。

写好信封，我们出门寄信。

"好了。我们可以去寄信了。"我对她说。

"去哪里寄？"

"就是平时我们取信的那个邮筒。你知道吗？平时我们寄信还要贴邮票。"

她一听马上说："我想要贴邮票。"

"这个不用了。邮局有专门的规定，写给 *Santa* 的信不用贴邮票。"

"为什么？"

"邮票就好像我们坐公交车要买车票一样，就是邮局帮我们送信我们要付的钱。可是因为很多小朋友都要给 *Santa* 写信，小朋友又没有钱买邮票，所以邮局就不收钱了，免费帮你们寄信给 *Santa*。"

家家户户的信件，过去是邮递员送上门的。为了节省成本，前些年邮局在社区街头安装了一些邮筒。每户一个小格子，十几二十户集中在一起，在邮筒底部再加上两个大些的格子，用来投递尺寸不太大的包裹，同时还有一个红色的格子给居民寄信用。我们常常到这个信箱来取信，小姑娘也来过很多次，可是她从没见过有人在这里寄信。

来到邮筒，我们先把给 *Santa* 的信投进寄信口。完成了人生中第一次寄信任务，小姑娘强压着兴奋，装出一副气定神闲的样子。我带着我家信筒的钥匙，顺便看看今天有没有信来。

我刚打开信筒，还没来得及往里看，小姑娘迫不及待地问："有 *Santa* 给我的信吗？"

"哪有那么快？我们才刚把你的信放在邮筒里，*Santa* 还没收到呢。"我说。

"明天我们会收到吗？"

"没那么快。现在已经晚上了，我们才把信放进邮筒，明天白天邮递员叔叔才会来取。取走以后他要把信带回邮局，邮局还得分拣，把所有小朋友给 *Santa* 的信都放在一起，然后才会送去。"

"那后天能收到吗？"

"估计也没那么快。*Santa* 住在北极，那么远。"

　　她连忙说："可以有飞机飞过去。"

　　"是的。信到了北极，北极的邮递员还得把信送到 *Santa* 家里去。那么多小朋友给 *Santa* 写信，他得一封一封地看，看完还得一封一封地回。虽然有些 *elf*（精灵）可以帮他，但是也要很久才能看完。"

　　"不行的，"她纠正我："*elf* 不会，*elf* 是帮 *Santa* 准备礼物的。"

　　"是啊，那就更慢了。你猜 *Rudolph* 会帮他写信吗？"我逗她。*Rudolph* 是一只红鼻子的驯鹿，是帮圣诞老人拉雪橇的驯鹿当中领头那只。

　　"哈哈哈，"她大笑："*Rudolph* 不会写信，它只会拉雪橇。"

　　信寄出去，小姑娘天天盼，每天都想去看看信筒里有没有她的信。

　　与此同时，邮局的"圣诞老人"们也忙得不可开交。除了专门为圣诞老人预留的邮政编码，加拿大邮局每年有大约 1 万名在职和退休的邮政职工利用业余时间充当志愿者，扮演"圣诞老人"的角色，逐一给孩子们回信。加拿大邮政的网站专门有一页给家长和老师提供详细的资料，介绍怎么帮助孩子给圣诞老人写信。从圣诞老人的地址到可以下载的写信模板，从信封上地址的书写规范到寄信的时间，全都列在这个网页上，一目了然。对加拿大的孩子，只要在 12 月 12 日之前把信寄出，邮局保证"圣诞老人"的回信能在节前送达。其他国家的孩子也可以写，加拿大邮局的志愿者用包括盲文在内的 30 多种文字回信，只不过国际信件投递的时间无法保证，需要尽早行动。

　　一周以后，回信终于来了。

　　这天回到家，我对小姑娘大声说："你猜猜今天发生了什么事？"

　　"什么？"

　　我还要卖个关子："有一封信……"

　　没等我说完她就抢着叫起来："啊！*Santa* 给我的信！我要看！"

　　我把信给她："你看吧，好漂亮的信。"信封上印着圣诞老人和小精灵们的图片，非常精致。

　　"耶！"小姑娘高兴坏了，对她妈妈说："妈妈！*Santa* 给我写信了！"

　　我说："这是你的信，你要自己拆，爸爸妈妈不能拆你的信。如果你不想给我们看，你也可以不给我们看。"

妈妈问她："我想看，你可以给我看吗？"

"可以。"

小姑娘拿着信封摩挲了一会儿，爱不释手，对我说："*I almost don't want to open it.*"（我几乎不想打开了。）

我知道她的心思，于是问："信封很漂亮，你舍不得拆坏了是吗？"

"是。"

"我有个东西借给你用，是专门开信封的刀，你顺着边把它裁开就不会弄坏了。"

打开一看，洋洋洒洒满满一页。小姑娘跟妈妈一起看信，一起念——"*My little friend Angela*"（我的小朋友安吉拉）。

信是印刷出来的，收信人的名字却是手写的。信的设计非常用心，所用的字体是规整漂亮的手写体，既不让孩子看出来印刷的痕迹又十分工整便于辨认。手写的名字用的是跟印刷字体同样颜色的墨水，写的人书法也很漂亮，而且尽量跟印刷部分保持字体相似。圣诞老人的信风趣幽默，介绍了他在小精灵们帮助下准备礼物的进展情况，还透露了他爱吃的零食。印刷的正文之后，又是一段志愿者手写的笔迹。

P. S. I put your drawing up on the wall in the workshop. It makes the elves smile!（又及：我把你的画挂在了工作间的墙上。小精灵们看了都笑了！）

吃晚饭的时候我们又讨论了一下。

"太棒了 Santa 这么快就给你回信了。Santa 的字写得好漂亮。"

小姑娘马上说："跟我老师写得一样好。"

她妈妈问她："你说说 Santa 都跟你说什么了？"

"*Elf* 在准备礼物。"她说。

"还有什么？ Santa 说他喜欢吃什么？"

"饼干。"

"圣诞夜我们准备一些饼干给 Santa 吧。"妈妈建议。

我插了一句嘴："我还怕收不到回信。因为你信封上写的我们家的地址我有点怕 Santa 看不清楚。"

小姑娘看了我一眼。

"因为是铅笔写的，"我解释："我怕寄信的时候信封跟其它的信在一起磨来磨去，颜色变浅了 *Santa* 看不清楚。还好他看见了。"

"*Santa* 当然能看得清，"小姑娘大声说："他又不像你戴眼镜！"

冬至的羊肉泡和圣诞节的仪式感

　　刚刚过去这个冬至，我跟往年一样煮了一锅羊肉泡。冬至吃羊肉泡是我家的传统。每到过节，网上就出现关于吃什么的南北大战。中国之大哪里是用南北二字就能区分的？在成都，冬至这一天既不吃饺子也不吃汤圆，讲究的是吃羊肉。我家在成都，但我的外公外婆是西安人，喜欢吃羊肉泡。两下结合，冬至吃羊肉泡就成了我家的一个传统。这东西不难做，要紧的是熬一锅好羊肉汤。羊肉泡馍用的馍也得自己做。记得曾经用成都的白面锅魁代替过，但泡馍的馍需要用死面饼才够瓷实，经煮，而锅魁是发面的，总少了点意思。

　　从小就吃羊肉泡，我对这东西是有感情的。离家多年，即便在多伦多，我也忘不了这口。好在熬羊肉汤不算费事。要想图省事，买菜的时候随便哪个超市都有新西兰羊肉，带一块回家就行。要肯多跑一家呢，我家附近就有伊朗人开的肉食店，羊肉羊排骨都极鲜美而丝毫没有膻味。国内极受追捧的羊头在加拿大几乎没有人吃，用低到不可思议的价钱就能买到一个，跟白送差不多。有了它，熬出的汤又白又香，唯一的问题是个头太大，我家的锅盛不下。

　　前两天买菜的时候中国超市里有很好的羊肉，还有难得一见的羊脊骨。有了这两样，汤错不了，也省得我再跑一趟伊朗店。把大砂锅坐在炉子上，一边和面烙饼。我家小姑娘由她妈妈领着去外面滑冰了，一起去的还有她的一个小朋友。正好，好久不见了，也顺便邀请她们来家里一起吃这碗冬至的羊肉泡。两个小姑娘对羊肉无感，也不喜欢汤汤水水的东西。家里还有肉馅儿，于是用烙饼的面顺手给她们做了几个馅儿饼，皆大欢喜。

　　小姑娘有一套二十四节气的绘本。即使没吃我的羊肉泡，看着一天天变短的白昼，她大概也明白冬至的意思。不过对她来说，更重要的还是即将到来的圣诞节和会从烟囱里爬出来给她送礼物的圣诞老人。

为迎接圣诞，从 11 月开始，我们已经忙碌了好一阵子了。首先是室外的彩灯。因为天冷，加拿大人总是早早就开始布置室外的圣诞装饰。门上挂的花环，房檐上挂的彩灯，这是最基本的。商店里有各式各样的节日灯饰出售，造型大多是圣诞老人、驯鹿、系着蝴蝶结的礼物盒、北极熊，还有长着翅膀的独角兽，有木雕的、藤编的，都用 *LED* 灯点缀其间，还有充气的，灯从里面照出来，足有一人多高。总有不怕费精神的人家不知用什么样的工具把一串串彩灯挂到前院三四层楼高的大松树上，叫人隔着半条街就能望见那巨型的圣诞树。同一个街区里相邻的人家像是互相比着，把自己家装点得光彩夺目，让自家和邻家的孩子都开开心心。我在院子里装了几只不同造型的彩色灯饰，至于屋子，则只用一串亮白色的 *LED* 灯勾勒了屋檐的轮廓，既有节日的气氛，又不至于太过花里胡哨。可我家小姑娘有她自己的审美："可是我想要彩色的灯。"

我说："我们这里不是有这么多彩色的灯了吗？"

"我是说屋顶上我想要有彩色的。"

"家里只有这串白色的了。"

"我们有彩色的，去年也装过的。"她说。

"去年那串坏了。再说我已经装上了，那么高，拆一下装一下得花好多时间。"

小姑娘不说话了。

过了两天，街上几户人家也陆陆续续装上了彩灯。多数人家挂在屋檐上的灯都是五颜六色的，有两家人还装了节日专用的投影灯，把红红绿绿的星星和各种与圣诞相关的图案投射在自家房子的外墙上。

小姑娘见了，说："爸爸，他们家的灯是彩色的。"

我装糊涂："是哦。"

她继续旁敲侧击："我说的不是投在墙上的，是挂在屋顶上的，也是彩色的。"

我继续装糊涂："真的耶。"

小姑娘不说话了。

想到小姑娘如此委婉的请求，我不禁在心里发笑。过了两天还是又去买了一串彩色的灯，加挂在外面。正好那天风和日丽，隔壁邻居也趁着天好，把他们的灯挂了出来。"我们家几个小朋友也都好喜欢你们的灯，一个劲催我把我们的挂出来。"邻居笑着跟我说。

室外的灯挂完了，还有室内的。装饰圣诞树是一件大工程，大大小小的彩球需要一个一个地挂在圣诞树的树枝上，高低错落，色彩搭配都是需要花时间安排的。这些彩球还都是易碎的材质，不能摔，不能磕碰。小姑娘明白这个道理，于是在她眼中把彩球挂上圣诞树是一件小孩子不能做的事情。可越是这样就越是想要插一手，因为可以插手就意味着自己不再是小孩子了。从去年开始，她已经帮着我把彩球挂在树上矮一些的枝条上。今年又长高了，除了树顶，整棵树几乎都是她自己装饰起来的。

除了灯饰和圣诞树，每年都干的事情还包括到商店里去跟圣诞老人拍照。一年一年的照片都印出来挂在墙上，成长的痕迹抬头可见。今年又多了一条，自己完成了一封写给圣诞老人的信，自己写好信封，自己投进邮筒，直到收到圣诞老人的回信，自己拆自己念。

圣诞老人的回信里面特意提到饼干是他喜欢的零食。为了慰劳辛苦奔波给大家送礼物的圣诞老人，小姑娘决定今年的圣诞夜要放一些饼干和牛奶在壁炉前面的桌上，这样那个白胡子的老头从烟囱里一钻出来就能看到他心爱的零食。我买来一盒饼干，都是节日特有的造型。盒子里还配了各种颜色的糖球和几款食用色素，小姑娘拿起她的工具，细致地把饼干描画成她喜欢的样子，还在其中一只上写了自己的名字。

眼看着万事齐备，就等着圣诞夜圣诞老人降临了。

写到这里，突然看到知乎上有个问题——为什么要让孩子相信圣诞老人的存在？这个问题我从来没有想过，但其实用不着想：相信就会等待，而等待正是仪式感最核心的部分。如果说幸福生活需要仪式感，圣诞节的这些忙忙碌碌，甚至冬至煮的那锅羊肉泡，这些点点滴滴琐琐碎碎，不就是仪式感吗？

再等等吧，圣诞老人就要来了。

多伦多的年味

每到过年，网上总会发起一波关于"儿时年味"的讨论，一群人于是流着哈喇子咂摸二大爷四舅母做的某样只应天上有人间难得见的美味，掰着手指头数有多少年没见到当年那个一起放鞭炮差点没让哑炮崩了眼睛的发小，歪着脑袋回忆那件盼了大半年结果刚上身就让火星给燎了的新衣服，末了感叹一番年味一去不复返。每每看到这样的讨论，我总是十分困惑，想不明白"年味"到底是个什么东西。

在非洲工作期间有一年没能回国过年。大年初一一大早，有个同事开玩笑说了句"过年要穿新衣服"，一伙人当即驱车前往当地一个集贸市场，每人买了一身非洲传统服装，回到驻地像孩子一样兴高采烈地穿在身上。我的是一套两件大红的袍子大红的裤子，穿起来拍了照发给家人。不知道这算不算年味。来加拿大这些年，我和太太尽可能在过中国年的时候休一天假，就算热闹不起来，我们也要让自己跟随国内亲友的节奏慵懒舒适一把。不知道这又算不算年味。

自从我家小姑娘明白点儿事，我们就更是琢磨着怎么才能让她体会一点"年味"。幸运的是，多伦多华人数量众多，农历新年总少不了庆祝活动。

"快穿衣服，我们要出门了，去看舞狮子。"我对小姑娘说。

"可是我想去滑冰。"她说。

"看完舞狮下午去滑冰。"

"可是我现在就想滑冰。"

"现在没法去。已经快中午了，我们得先吃中午饭才能去滑冰。舞狮子的地方就有饭吃，看好了吃好饭再去。"

"可是我还不饿。"

"所以先看舞狮再吃饭。"

小姑娘念叨着滑冰，不情愿地跟我们出了门去一个商场看农历新年的舞狮表演。商场中央的天井围出了一块表演区域，已经里三层外三层地站满了人，二楼围绕天井上方的一圈和旋转楼梯上也没了空地。好在小朋友有优势，全都在舞台前面席地而坐。商场所在的万锦市 (Markham) 是多伦多北部一个华人聚居的区域，农历新年在这里是一件大事。观众席的第一排，市长、全体市议员和一位华裔省议员已经正襟危坐，意大利裔的市长也穿上了绣着红色飞龙图案的唐装。小姑娘不择地方，端端正正挡在市长前面一屁股坐在了地上。轮到市长致辞，市长大人只好小心翼翼地绕过身前的小朋友们才能登台。

按照广东一带的习惯，市长和议员们用毛笔给两头狮子"点睛"，是为"醒狮"，醒过来的狮子这才开始舞起来。为了拍照，我也腆着脸挤在舞台前面的地上挨着小姑娘坐了下来。两头狮子辗转腾挪，上下翻舞，小姑娘看得目不转睛，直到狮子攀着一把椅子立起来，从嘴里吐出"恭喜发财"的大红丝绒字幅，小姑娘像是发现了什么新闻，突然兴奋地拉着我："爸爸，你知道吗，每个狮子里面是两个人扮的？"

"是啊，"我回答："当然是有人扮的。"

她说："我还以为一个狮子里面是一个人。我看见了，是有两个人，一个人在前面一个人在后面。"

"好看吗？"

"好看。"

还有更好看的——川剧变脸绝活。小姑娘边看边点评。

"你看，一下子就变出了另外一张脸。"我对她说。

"我猜是 *mask*。"（面具）

"是的。"

"不，我猜是 *face painting*。"（画脸）

"是很多张面具在脸上，才能一张张地变呀。"我告诉她。

"他要学才会吗？"小姑娘问。

“当然要学，什么东西都是要学了才会的。”

“他小时候就要学吗？”

“是的，变脸很难的，要练很久。”

变脸把演出推向了高潮。随后是财神降临，财神和市长一块儿给大家发红包，一个个红包里面包着金币巧克力。平时我们很少给她吃糖，金币巧克力和各种滋味更好的巧克力在家里堆积如山，不过对小姑娘而言能吃到嘴里的才是最好的。红包拿到手，自然不客气要把巧克力掏出来吃掉，不然要它来干嘛？

看舞狮，看变脸，吃红包里的巧克力，我仍然不知道这算不算年味，不过对从小在加拿大生活的小姑娘来说，这也许就是“年味”吧。

万圣节最漂亮的蝴蝶

　　一转眼又是深秋了。很多事情也不知怎么地就成了习惯，比如每年到了这个时节我都会买上一大盆或金黄或紫红的雏菊放在门前的院子里。而秋风常常来得很猛，扫落叶的同时顺带也一天几次地把菊花连盆吹倒。

　　门前还有一只十来公分高的小黑熊，胸前捧着一个"*Welcome*"的牌子，躲在两丛薰衣草之间。天长日久，牌子脱了胶，老掉下来，每次看见我就想改天有空把它粘一下，可日历上总找不到"改天"的字样。我家小姑娘好问为什么，可她好像从来没问过那牌子为什么掉下来，每次看见了就冲过去从地上把牌子拣起来重新装好。

　　这天回家，牌子又掉地上了，小姑娘条件反射似地跑过去，一边嘟囔着什么一边把牌子装回原处，再摸摸小熊的脑袋。我回头一看，菊花盆子也倒了，就支使小姑娘去把花盆扶起来："你帮爸爸做件事好吗？"

　　"好的，什么事？"小姑娘很高兴帮我做事情。

　　"帮我把花盆扶起来。"

　　"噢。"

　　扶好花盆我俩一起进门。正换鞋，小姑娘突然向我"发难"："爸爸你为什么什么事都叫我做？"

　　"什么叫什么事都让你做？我就叫你扶了一下花盆。"

　　"还有小熊的牌子也是我弄好的。"

　　"那是你自己做的，我可没叫你。"我"狡辩"道。

　　她又挑起一个新的话头："你为什么把两个南瓜放在花盆旁边？"

　　"风太大了，我想用南瓜把花盆挡住，可它还是被吹倒了。"

"那我们什么时候刻南瓜？"

"再过几天吧，刻早了南瓜放外面容易坏。"

"我要刻一个 *scary*（吓人）的可以吗？"

"可以。"

对了，这时节非做不可的事情还有刻南瓜。刚有了小姑娘前两年我偷懒没刻南瓜，那时候她也不会提要求，就蒙混过关了。第三个万圣节混不过去了，她爹我生平第一次刻了一个大南瓜。跟街上多数人家的南瓜一样，线条简洁，两个大眼睛一个大鼻孔，加上一张咧开来使劲笑的大嘴露出两颗尖牙，半小时交卷。去年小姑娘迷上了迪斯尼的《冰雪奇缘》，天天唱着 *"Let It Go"*。于是头脑一热，我们买了一套《冰雪奇缘》主题的南瓜雕刻工具，刻了一个艾莎公主形象的南瓜灯，虽说效果不错，可花了我整一下午的时间。

今年小姑娘主意大了，刚进十月就开始叨叨她要一个什么样的南瓜灯。

"爸爸我想要刻一个蝴蝶的南瓜。"她跟我说。

"你不是说要 *scary* 的吗？"我问。

"我要一个 *scary* 的蝴蝶。"

"蝴蝶怎么会 *scary*？"

她做了个鬼脸："就像这样。"

过了两天又改了主意："爸爸我想要刻一个 *witch* 在我的南瓜上。"（女巫）

"你那天不是说要蝴蝶吗？"

"可是蝴蝶不吓人，我想要一个吓人的。"

为这事隔三差五地我们就得进行一番讨论。有了去年线条繁琐工艺复杂的艾莎垫底，今年我胆子也壮了，干脆，一下子搞了两个南瓜备着。

终于到了万圣节前最后一个周末，南瓜刻起来！星期五一回家，我拿出四张图样让小姑娘选两个。

她一看就叫起来："啊，为什么会有 *Peppa Pig*？"（小猪佩奇）

我说："这个很可爱啊，我们可以刻。"

"啊，不要不要，这个一点都不吓人。"

翻过一页，看到了鬼脸。

我问："这个吓人吗？"

"这个也不吓人，这个 *silly*。"（傻）

"这个怎么样？"

她指着一个图说："我要这个 *witch*。"

刚说完，看到蝴蝶显然有点喜出望外："这儿为什么有个蝴蝶？"

"你喜欢这个吗？"

"嗯。"

小姑娘拿起图样扭头就跑。没几分钟，兴冲冲地拿了印着蝴蝶的那张回来给她妈妈看："妈妈你看。"原来她在纸上写了几个字。

她妈妈看了，问："这是你自己写的？"

"嗯。"

"让我看看。*The most beautiful butterfly*。哇，你太棒了！这全是你自己拼出来的，妈妈能认出来。"

"是我自己写的。"她骄傲地说。

我过来一看，她妈妈已经在她写的两行字下面写上了正确的拼写。小姑娘学习识字读书已经有大半年了，发音规则清晰的单词基本上能够自己读出来，不过目前基本还局限于一个或两个音节的单词。至于写，大部分还是描红和抄写，以字母和单词为主，学校里刚刚才开始练习写句子。没想到小姑娘一激动自己就写出了一个四个单词的短句，而且包括了 *beautiful* 和 *butterfly* 两个很长的单词——虽然这两个单词都拼错了，但至少基本音节都有了。小姑娘写字还有个特点，纸上随便找个地方就开始写，一行写完地方不够了就换行再写，也不管是不是把一个单词拆成两半。今天是从纸的最下面开始写的，换行也没了地方，于是换到了上面一行，就成了 *"For botterfly The most bood"*——不是自家孩子，谁能认出来？

虽然对这只蝴蝶的喜爱溢于言表，小姑娘嘴里却还坚持要刻两个吓人的图样——把小猪和蝴蝶推到了一旁，只要鬼脸和女巫。

真到了要刻南瓜的时候，小姑娘又变卦了。拿着去年《冰雪奇缘》主题工具包里剩下的 *Olaf*（雪宝）的图样爱不释手。

我问她：“你不是要刻吓人的吗？ Olaf 一点都不吓人。”

“可是我喜欢。”

“我们能不能换个别的，”我跟她商量:“这个 Olaf 线条太细了，好难刻。”

“我想要这个。”

“好吧。另外一个我们刻哪个？”

“蝴蝶。”

“可是蝴蝶那张纸下面你写上字了。你自己写的，写得很好，你带去学校给老师看看吧。”

“不要，我喜欢刻这个。”

她妈妈也纳闷：“下面这句话你写得那么好，你不带去给老师看吗？刻了南瓜纸就破了。”

“不想要。”

“为什么呢？”妈妈问。

“因为我写错了。”她说。

“没关系的呀，”妈妈说：“你已经很棒了，可以自己写一个句子出来。你写得很好呀。”

我也说：“*Beautiful* 本来就是一个很难写的字。”

妈妈说：“是啊，妈妈小时候学了很久才记住的。”

“我觉得我现在有时候还会写错。”我说的是实话。

她一下子来了精神：“可是你看，我现在就会了，我比你们棒。”

讨糖也是技术活

10 月中旬去了一趟美国，车开在新泽西州小镇上的居民区，家家户户都已是一派万圣节的装饰。南瓜自不待言，稻草人、或造型可爱或望之令人生畏的妖魔鬼怪、蜘蛛网、蝙蝠等类，也各有一席之地。这让我有点诧异——毕竟离着 10 月 31 日的万圣节还有几个星期呢。不过细想之下，也有道理。在加拿大，感恩节是 10 月的第二个星期一，这时候也正是枫叶红透层林尽染之际，人们在金色的秋天庆祝丰收的喜悦，于是鬼鬼怪怪的东西就要等到 10 月的后半个月才姗姗而来。美国的感恩节在 11 月下旬，10 月份没有什么像样的节日，自然就为万圣节留出了尽早登场的时间。

加拿大之所以在 10 月中而不是 11 月底过感恩节，一个重要的原因是纬度高，天冷得早。别说 11 月底，就是 10 月底的万圣节也已经很冷了，记忆中每年的讨糖活动都是在瑟瑟寒风中裹着厚衣服进行的。孩子们多少会对此有些失望，毕竟那些奇装异服都是他们精心挑选的，如果只能裹在羽绒服里面让人看不真切，该有多扫兴。对此，我家小姑娘倒是早有准备。

她妈妈跟她说："这套衣服比较大，你讨糖的时候可以在里面穿一件毛衣。"

"我不想要。不舒服。"她不买账。

"那你会冷呀。"

"我穿外套。"

"那人家不就看不见你的 *costume* 了吗？"

"我不拉拉链，前面敞开就看得见。"小姑娘倒是挺有主意。

多伦多今年秋天倒颇暖和，枫叶这时候还红在树上而不是枯在地上，实在少见。可惜，临到万圣节，事情却不太妙了。

"爸爸，老师说星期四万圣节那天会下雨。"

"是的，现在天气预报是说会下雨。"我回答。

……

我问她："那你还要去讨糖吗？"

"要。我们可以打伞。"

"可以。"

"我可以打我自己的雨伞吗？"

"可以。"

难得报准的天气预报这次居然出奇地准，一连两天雨下个不停。而且这一气象活动的范围很广，五六百公里之外的蒙特利尔也与多伦多同此凉热。万圣节当天早上，蒙特利尔市长发推特号召市民把万圣节推迟一天，免得孩子们冒雨讨糖。可习惯哪是市长能改得了的？此推一出，市民哗然，两年前在选战中败北的前任市长也趁机连发两条推文，用嘲讽的口气质问是不是过圣诞节也要挑个不下雪的日子。

口水战中，不知道蒙特利尔有多少人响应了市长的号召，多伦多反正没闹这一出。穿雨衣的穿雨衣，打伞的打伞，戴帽子的戴帽子，什么风雨也阻挡不了孩子们装神弄鬼的决心。

该出门了，妈妈说："来吧，直接把你 *costume* 的裤子套在你身上这条裤子外面，这样不会冷。里面穿上一件毛衣。"

"*No. I'll look too fat.*"（不要，那样我看起来太胖了。）

"不会 *fat*，这样看起来才有肌肉，你扮的 *Captain Marvel* 要有肌肉才显得酷。"*Captain Marvel* 是惊奇队长，既然是漫威超级英雄，自然该有点肌肉。

出于对讨糖时间紧迫性的认识，在穿衣服的问题上小姑娘倒是没有太固执，任她妈妈在惊奇队长的 *costume* 里面塞下了一件毛衣一条绒裤。怕时间长了冷，我还是随手拿了她的一件防寒服备着。跟去年一样，她妈妈留在家里给上门来的小鬼头们发糖，我带着小姑娘出去讨糖。她一手拎着装糖的南瓜形篮子，一手撑着一把五颜六色画着独角兽的小伞，我的大伞则罩在她和她的小伞上面，开路了。到了人家门前，我止住脚步，小姑娘自己撑着她的小伞走上前去，按响门铃，说上一句 *"trick or treat"*，要来了糖，开心地跑回我身边来："*He gave me your favorite candy.*"（他给我一个你最喜欢的糖）。

我一惊："什么是我最喜欢的？"

"你看，一个黄色的 *coffee crisp*。"

这种糖虽是雀巢公司出品，却不知道为什么只在加拿大销售。这糖不算太甜，略带点咖啡香味，我不怎么吃糖，但这的确是我的最爱。我问："你怎么知道我喜欢这个糖？"

"*Because you said*。"（因为你说过）

一边说着一边往前走。多年讨糖，我们也有了经验，小区里有几处街道狭窄房屋密集，去这些地方讨糖，单位面积的收获自然比去那些占地较大的房子要高。打这种小算盘的不止我们俩，于是这些本就不宽敞的小街上摩肩接踵，挤满了讨糖的孩子和随行的家长。加上大雨，大家都撑着伞，一边要顾着脚底下别踩进水坑，一边要看着伞别蹭在人家身上别挡了别人的路，还得抬头看路，看看谁家亮着灯，等小鬼上门，别错去了那些关灯谢客的人家走了冤枉路。

走了一阵，小姑娘说："我不要打伞了，太累了。"

"给我吧。你到我的伞里面来。"

可没走几步，到了一家门口，小姑娘嗖的一声就从我的伞下串了出去。

我忙叫："你回来，你这不是淋雨吗？我有个好主意。"

"什么？"

"你把这件外套披着，这外套有帽子，你把帽子顶在头上可以挡雨。"

雨时大时小，街上的人一点不见少。我们俩就这么遛达了一个多小时，眼看小姑娘篮子里的糖果越来越多。

小姑娘跟我说："你拿个袋子把这些糖装起来。太重了，我拎不动了。"

"那我们回家吧。"我说。

"我还要再走一些。"

"那你就自己拎着。"

终于，篮子不但重到拎不动，也满到装不进去，小姑娘这才意犹未尽地同意打道回府。

回家清点一下战利品，收获还真不少，从篮子里倒出来，铺了一地。有些包装纸已经给雨水浸透了，我们清出来一些，打开吃掉。不过，在清点检查完成之前，这些糖也不敢给小姑娘吃。前几年小姑娘花生过敏，要来的糖我们得逐一检查有没有花生成分。大些以后，过敏好了，总算少了一件担心的事情。可是新闻里却常传来些耸人听闻的事情：要来的糖果里面藏着针头、包装破了里面有脏东西，诸如此类。虽然我们和我们的朋友从来没人遇到过，听多了也不得不多加小心。今年更甚，大麻已经在加拿大全面合法化了，包括允许在糖果饮料等食品中添加。当然，含有大麻的食品法律要求必须有明确的标志，价格也比普通糖果贵好多倍，无需太过担心，但所谓不怕一万就怕万一，清点一遍总归没错。嘻，这年头，万圣节讨个糖也成了技术活！

有打油诗为证。正是：

冷雨凄风万圣节

装神弄鬼怪衣裳

提篮举伞沿街走

避水寻光找路忙

香豆甜糖容易讨

大麻坚果恐难防

回家更要严查遍

父母还须眼力强

我们逛过的博物馆

小姑娘四岁那年，从越来越多的朋友那里得知许多这个年纪的孩子已经在博物馆世界中找到了自己喜欢玩的东西，于是就想试着带她接触一下。两年下来，我们还真去了不少博物馆。

1. 科技馆

去得最多的是安大略省科技馆 *(Ontario Science Centre)*。很多年前我刚搬来多伦多的时候去过一次。去之前的想象，这是一个高大上的地方，里面展出的是加拿大最新的炫酷技术。去了以后发现完全不是那么回事，这是一个非常接地气的地方。大部分展区都是互动的，从小学到中学的各种科学实验都能找到，还有一些是单纯的游戏，大部分活动都很适合幼儿园到小学年龄段的孩子。

在多伦多漫长的冬季，科技馆是个遛娃的好地方。一个巨大的专供八岁以下儿童的游戏区几乎是我们每次必到的地方。此外，我们一起看过人体骨骼外加肌肉血液的模型，一起趴在悬挂在空中模拟鸟类飞行的模型中俯瞰地面，一起听关于蚊子的讲座，还一起看了她完全看不懂我也不大看得懂的关于量子的展览。

科技馆一度成为了我们生活的一部分。比如有一次小姑娘突然冒出来一个关于蜜蜂和黄蜂的问题，我的第一反应就是我们得去科技馆找答案。

她跟我说："蜜蜂是给我们做蜂蜜的。"

"是的，蜜蜂采了花粉来做蜂蜜，但是它们做蜂蜜不是为了给我们吃，是它们自己要吃的。"我说。

"那它可以给我们吃吗？"

"可以的。"

"Bumblebee 吃什么？"小姑娘追问。Bumblebee 是黄蜂，与蜜蜂的区别我也说不明白。

"可能也是吃花粉，但是它们不会做蜂蜜，就直接吃花粉。"我说。

"Bumblebee 会扎人。"

"蜜蜂也会。"我继续解释："但是不管蜜蜂还是 Bumblebee 它们都不会主动蜇人，只有它们觉得不安全、以为有人要伤害它们的时候才会，所以你离它们远一点就行了。"

"那 Bumblebee 是吃花粉吗？"

"其实我也不是很清楚，"我不得不承认她的问题我回答不了，只好说："下次我们去科技馆的时候去看一下吧，我记得那边有介绍蜜蜂的。"

"嗯。"

"那下次去的时候你记得提醒我。"我说。

科技馆的一个好处是离家近，买了年票随时可以去。展出的内容也很丰富，动手的东西多，还经常有不同主题的临时展览，不会觉得去多了没意思。有一次我们一起看了一个科学实验展示，其中大部分是化学实验，有好看的色彩，还有惊悚的爆炸声音，更有工作人员夸张而搞笑的表演。不但寓教于乐，做实验的两位工作人员还有本事把开场前枯燥无味的安全提示也做得有声有色。

工作人员甲大声对场下的孩子们说："所有小朋友把你们的右手举起来，跟我念——我发誓……"

所有小朋友都乖乖举起手："我发誓……"

工作人员甲继续念："我绝不会自己在家里做我等一会儿将要看到的这些事情。"

小朋友一起重复："我绝不会自己在家里做我等一会儿将要看到的这些事情。"

工作人员甲一本正经地搞笑说："也不在奶奶家做。"

小朋友们一边笑一边跟着他念："也不在奶奶家做。"

这时候工作人员乙凑过来问："那爷爷呢？"

"爷爷不在家。"工作人员甲说。

安全教育那些大道理不用跟小朋友讲，讲了他们也记不住。只要清楚地告诉他们哪些行为是不可以尝试的就够了。科技馆工作人员跟小朋友沟通的方法也让我学到一招。

2. "正经"博物馆

科技馆虽是以"玩"取胜，我们也去过一些"一本正经"的博物馆。最著名的要说是皇家安大略博物馆（*ROM*），可以说是世界级的。这座博物馆已经有了一百多年的历史，最初是由多伦多大学兴建的。这是一所综合性的博物馆，自然历史无所不包。以历史文物论，其加拿大文化和东亚藏品都可圈可点，甲骨片的藏量在海外更是首屈一指。自然方面，洛基山脉一带出土的恐龙化石许多都是由 *ROM* 自己的古生物学家和地质学家发掘的。

对于四五岁的孩子来说，"爸爸小时候"和"有恐龙的时候"都可以叫做"古时候"，所以历史文物显然没有多大的吸引力，让小姑娘感兴趣的是恐龙。受《恐龙特急克塞号》的熏陶，我多少知道一点剑龙、翼龙之类的名称，但它们的英文名字对我来说无异于天书。小姑娘则不然，在幼儿园听得多了，各种恐龙那些无比冗长的名字她能叫出来不少。到了博物馆看到真的恐龙化石自然兴奋。

比恐龙化石更让小姑娘兴奋的是居然可以自己动手"发掘"恐龙化石。在儿童游戏区，小姑娘像模像样地带上防护眼镜，拿起一把小刷子在沙坑里"探寻"化石。

在 *ROM*，小姑娘还见到了她喜欢的"胖肚子佛"。上次带她回国时参观了一些寺庙，笑口常开的弥勒佛自然为孩子所喜爱。*ROM* 的中国展区陈列了几尊魏晋时期的木雕佛像，看到熟悉的弥勒佛，小姑娘的高兴程度不亚于见到恐龙。

除了多伦多，在旅行中我们也到访过好几处博物馆。回国时参观的上海市历史博物馆是其中颇有特色的一座。跟更为著名的上海博物馆不同，这座博物馆不以藏品珍贵为号召，却胜在精心布展，以贴近生活的方式介绍离我们并不太遥远的那些历史。黄包车就是这样的生活场景。我们这代人虽然现实生活中没坐过黄包车，影视剧里见过不少，人力三轮车更是见过并且坐过的。一零后小姑娘，别说黄包车，就连坐趟公交车都是值得期盼的。这回，小姑娘就着互动区的黄包车展品当起了车夫，拉着妈妈在十里洋场的车水马龙中游走起来，只可惜手太短，够不着两边的把手，只能握住前面的横梁装个样子。

跟上海市历史博物馆类似的地方博物馆，我们还去了成都博物馆。在这里，小姑娘最感兴趣的是皮影戏专题展览。这里的互动同样精彩。担任讲解的是一名小学生。看着大姐姐滔滔不绝地介绍皮影戏的历史、发展、各地风格，小姑娘不管听不听得懂，倒是从头到尾全神贯注。看完了展览，还有皮影戏表演，演的是猪八戒啃西瓜的故事，看得所有孩子哈哈大笑。演出结束小朋友们还可以依次到幕后去亲自体验一番。

在旅途中去过的最"正经"的博物馆也是所有博物馆中最不像博物馆的一个，因为这是一个露天的历史遗迹。这是在墨西哥避寒度假时参观的 *Tulum*（图卢姆，或译土伦）玛雅遗址。在墨西哥众多的玛雅遗址中，这个算不上最有名的，没有巨大的玛雅金字塔，也没有神秘的图案，规模也不大。*Tulum* 却是游客最多的玛雅遗址之一，无他，交通方便而已，这是距离度假胜地坎昆最近的一个遗址。在所有玛雅遗址中，*Tulum* 也是唯一一个临海而建的，即使抛开所有人文的东西，走走看看，单是风景也很迷人。

对我家小姑娘来说，这里最吸引她的是海滩。要说"古时候"，在她的印象中只有公主。那些玛雅时代的建筑遗迹，看上去不怎么像是跟公主挂得上钩，何况现在都成了蜥蜴的家。

我边走边说："海边有一个城堡。"

她一听城堡立刻就问："是公主住的吗？"

"也许是吧。"我说："也可能不是，那个可能是一个打仗用的堡垒，可以看到有没有敌人的船从海上来。"

"海盗吗？"

"也许是海盗。"

"那公主呢？"她关心的还是公主。

"那些房子可能就是以前的公主住的。"我说。

"现在是蜥蜴住的。"她说。

"是的。"

"我猜那个蜥蜴是公主。"

3. 美术馆

美术馆也是小姑娘感兴趣的地方。我们去上海时，世博会中国馆改成的中华艺术宫正好有一个关于中国美术电影的主题，展览的除了木偶皮影的实物，还有许多经典美术电影的创作历史、人物造型草图等等。对于我们，这些是童年的记忆，对于小姑娘，每一件都如此新奇。

偌大一座中华艺术宫，展出的当然不只是美术电影。精彩的美术作品小姑娘还不大能懂得欣赏，可是走马观花倒也多少接触到一些中国意象。这次回国以前，小姑娘只见过睡莲，没见过荷花。我们给她念过一些描写荷花的诗歌，但还是回国看到了真正的荷花才有了感性认识。这时候在艺术宫看到荷花的国画作品，自然又是一种新的感受。

我们还参观过安大略省美术馆 (简称 *AGO*)。在一副题为《盛宴》的欧洲文艺复兴时期油画前，小姑娘陷入了沉思。画面里男女主人正在为即将到来的一场盛宴做准备，男主人打猎归来正在厨房里处理他的猎物，手中的刀划破了一头鹿的肚子，野鸡、兔子、野猪等等各种大大小小的猎物铺满了几乎整个画面，而女主人静静地站在男主人的身后看着他，手里捧着一盘晶莹剔透的葡萄。

小姑娘看着这幅油画，问我："爸爸，他们在干什么？"

"他是个猎人，刚刚打猎回来。你看他打回来好多东西。"我说。

"那是小鹿。"

"是的，他要把鹿肉剥下来吃。"

"他们为什么要吃那么多肉？"小姑娘继续问。

"我猜他们准备请客人到家里来吃饭。"

"开 *party* 吗？"

"是的。"

她笑了："呵呵，可是葡萄不是肉。"

"那他们也不能光吃肉啊。"我说。

"我猜是过生日，*it's the birthday for one of them*。"（是他们俩当中一个人的生日）

4. "小不点"博物馆

要说自己动手，大型博物馆可比不上那些小规模的专题博物馆。

这种专题博物馆在欧美很常见，国内现在也越来越多。在上海，我们参观了上海玻璃博物馆。这家博物馆由停产的上海玻璃仪器一厂厂房改造而来，展览陈设在六个不同的馆区。带着小姑娘，我们自然是去儿童馆。除了精美的玻璃器皿和光学实验装置，孩子最喜欢的还是充满玻璃砂的沙坑。而纽约州著名的康宁玻璃公司也有一座精美的玻璃博物馆，在那里，小姑娘不但亲眼目睹了玻璃制作过程，还亲手挑选了一只美轮美奂的玻璃南瓜带回家。

在多伦多的专题博物馆中，巴塔鞋子博物馆 *(Bata Shoes Museum)* 是我家小姑娘的最爱，去过不止一次。跟所有博物馆一样，鞋子博物馆也用它独特的视角描画出一幅人类文明发展的历史长卷。除了历史爱好者，鞋子这一特色藏品还为这座博物馆吸引了大量的女性参观者。

女人对鞋的迷恋绝对是世界性的，不分民族，也不分年龄。制鞋企业的老板娘爱鞋，我家 4 岁的小姑娘也爱鞋。每次进了商店，看见鞋就走不动路了，坐地上把自己的鞋脱下来，把她喜欢的鞋一双双穿上照镜子。也不管大小，只要她喜欢，就连高跟鞋穿上也能行动自如。当我告诉她我们要去鞋子博物馆，你可以想象她的反应。

"今天下午我们去一个鞋子博物馆好不好？"我问她。

她做出一副夸张的表情，以手击头："鞋子博物馆？*O My God!*"（我的天哪）

"有很多漂亮的鞋子，还可以做 *craft*。"我补充道。（手工）

"用鞋子做 *craft*？会不会很 *stinky*？"

鞋子不但反映出人们对不同地区自然环境的适应，还记录了生产生活方式的变化，甚至包含了宗教和文化的内涵。不过这样的展览怎么才能让小孩子感兴趣呢？

一进门，小姑娘就领到了一个漂亮的纸袋子，里边有一个白色的微缩版帆布运动鞋钥匙扣，还有四张印刷精美的彩色卡片。帆布运动鞋是给小朋友做手工的。一楼有一个指定的区域，一张桌子，几把椅子，放着一盒子水彩笔一盒子蜡笔，小朋友可以发挥创造力给这只鞋涂抹上自己喜欢的颜色和图案。这个做法并不稀奇，加拿大的博物馆大都有一个或几个跟小朋友互动的区域，动手才能勾起孩子的兴趣，让他们在玩耍中学习。

不过让这么小的孩子对展览本身感兴趣却仍然不容易。鞋子博物馆的诀窍就在那四张卡片里。这四张卡片是一个 *I Spy*（找找看）游戏。每张卡片对应博物馆的一层楼，正反两面各印着四张展品的照片，小朋友的工作是在各个展区中找到图片上的展品。每个展区少则几十件多则一两百件展品，要把图上那几件找出来还真不容易。还有高难版，找的不是一件展品，给出的图片只是展品上的一个图案花纹。

这招真管用。博物馆的陈列室灯光通常比较暗，我家小姑娘不敢进去，就算骗进去了一会儿就闹着要出来。这回不同，自始至终兴致高昂，还真把卡片上的展品都找到了。只有一件没找到。问了工作人员，说是那件藏品临时撤展了，没有来得及更新游戏卡片。小姑娘听了作怅然若失状，至少五秒钟。

比鞋子博物馆更加小众的是加拿大纺织博物馆。这座冠以加拿大之名的博物馆实在是非常袖珍，小到所有展览都只能是短期的，因为实在没有地方布置常设性的展览。这么小的博物馆，进去逛一圈要不了半个小时就能全看完，可我们居然在里面逗留了小半天，吸引我们的就是动手的区域。在这里，小姑娘第一次动手织毛衣，更第一次动手织布。

除了这些，我还去过加拿大空军博物馆、航母博物馆、警察博物馆、度假地小镇上巴掌大的博物馆等等，乐在其中。其实这么小的孩子不论旅游还是参观博物馆都未必能记得多少，不过我始终认为我们的目的并不是让他们记住，而是让他们体验。

带娃回国看熊猫

1.熊猫和竹子

我是在成都长大的，从来没觉得熊猫有什么稀奇。就像女儿从小在加拿大长大，从来没觉得北极熊有什么稀奇。多伦多动物园有一大片区域安置着十来头大大小小的北极熊，大家都已经见惯不惊。每次看到熊猫馆人头攒动，跟北极熊区域的冷清形成鲜明对比，忍不住为这种投生为熊而少了几块黑斑的大块头感到不公。

然而这也没办法，物以稀为贵。2013 年两只熊猫从成都搭乘专机来到多伦多，加拿大总理和中国大使同往机场迎接。按计划，这两只熊猫要在多伦多住 5 年。令人惊喜的是，两年后，在成都熊猫基地的专家努力之下，有史以来第一次，两只熊猫出生在加拿大，全国上下兴奋不已，总理出面组织了一场声势浩大的活动给两个小家伙征名。那段时间，熊猫馆前的队伍那叫一个迂回曲折，遇上周末排队 2 小时不在话下，到了跟前，工作人员拿秒表掐着，90 秒，赶紧走，不然后面的人等到动物园关门都看不上。经历了如此这般的众星捧月，终于，在 2018 年初，按照先前的约定，两大两小四只熊猫结束了他们对多伦多为期 5 年的友好访问，去了加拿大的另一个城市卡尔加里，在那里再生活 5 年以后将会返回中国。

熊猫走了，我家小姑娘也有些失落。有时候突然会说："爸爸，我想看胖熊猫。"

"熊猫搬家了，不在我们动物园了。"

"那我们还能看见他们吗？"

"可以呀。我们这儿的两只熊猫去了卡尔加里，以后我们去那边玩的时候还可以去看他们。"

"那我们什么时候去？"

"以后吧。以后我们回中国的时候也可以去看熊猫。成都有很多很多熊猫，比加拿大多多了。"

"成都是爷爷奶奶的家。你小的时候在成都吗？"

"是的。"

四岁多，小姑娘第一次回中国，熊猫无疑是最大的兴奋点之一。到了成都，刚下飞机就被机场里随处可见的熊猫造型的雕塑、旅游宣传画甚至垃圾桶吸引了。

到成都的第一天，还没看熊猫，我先带着小姑娘去了望江楼公园。这地方不是网红打卡地，少有游客，但却是我的最爱。我自来喜欢这个公园，不只是因为它独据锦江之滨的地理位置，也不只是因为唐代女诗人薛涛留下的书卷之气，更因为遍布于这公园之内的成百上千个不同品种的竹子。

跟熊猫一样，竹子在多伦多也是稀罕东西。第一次看见这么多竹子，高的高耸如云，矮的几乎贴着地，小姑娘自然又有些兴奋。

"这些竹子可以给胖熊猫吃吗？"她问我。

"竹子有很多很多种，熊猫只吃几种。"

"那剩下的我们可以吃吗？"

"竹笋可以吃。你看地上冒起来的这个小小的，这就是竹笋。不过这个已经长得太大了，不能吃了。"

除了公园里的竹子，在国内的几天更是见识了竹子做成的各种器具。大到修房子的脚手架，小到竹编工艺品，到处都是。这天来到成都博物馆，内中有一层专门展出皮影，有穿着制服的小学生义务讲解员介绍皮影的制作，还有工作人员带着孩子们拿起皮影动手体验。于是小姑娘又惊奇地发现原来牵动皮影的操作竿也是竹子做的。

我于是跟她说："你现在知道了吧，竹子有很多用。"

"可以给熊猫吃。"她立马答道。

"还可以做椅子，可以编竹筐。"我说。

她又补充："还可以接水。"

"哦，说得没错。就是那天我们在阆中古城的商店里看见的对不对？爸爸小的时候还看到过有人用的，山里面的人用竹子做成水管把泉水引到家里。"

"你小的时候是古时候吗？"

《围城》里面方鸿渐留洋回来给家里男男女女都带了礼物，方老太太高兴得合不拢嘴，说"是要出洋的，学得这样周到，女人用的东西都会买了。"看来我家小姑娘也是要多回国的，学得这样上下五千年，"古时候"的事情都知道了。

2.菩萨

这次回国，除了跟亲人相聚，行程大多是围绕熊猫、迪斯尼之类小姑娘熟悉的话题来安排的。不过在国内旅行，哪怕只是随便逛逛，寺庙总绕不过去。

成都市中心的文殊院是佛教胜地，也是市民休闲的场所。文殊院附近近年来打造出了一个仿古加新潮混搭风的文殊坊，集中了不少传统小吃。跟更加有名的游客打卡地锦里和宽窄巷子相比，文殊坊倒还有不少小吃是本地人会去光顾的，所以我去文殊坊本是为了吃。吃完了一探头看看庙里人不算多，顺便就进去逛逛。

我不拜佛，进庙一向只是参观。有点历史的庵堂寺观，大多存有精彩的对联，常见名家手笔。然而在全国各地的佛寺中，我个人最欣赏的一副对联就在成都文殊院里面一个不起眼的地方，既然到了门口不妨进去看看。这副对联不在佛殿，而在客堂前面。联曰"林下荆广谨防挂破衣裳；石头路滑切忌翻倒脚跟"，辞拙而意远，耐人寻味。

原本以为人文景观小姑娘会觉得枯燥乏味，打算略看看就走，没想到她对这新鲜玩意儿倒是饶有兴趣。

"爸爸，这个是什么？"小姑娘指着一个巨大的木鱼问。

"这是木鱼。和尚念经的时候，一边敲一边念。"

"为什么要敲？"

"鱼把和尚的经文给吃掉了，敲一下就它就吐出来一点。"

"经文是和尚念的书吗？"她继续。

"是的。"

"可是鱼为什么要吃书？"

"可能书掉进水里，鱼刚好饿了吧。"我已经语无伦次了，幸好她没再问下去。不过鱼吃书给小姑娘留下了深刻的印象，此后几天，但凡路过寺庙看见木鱼就会把这事儿倒腾出来自言自语一番。

既然小姑娘有兴趣，我们就在文殊院多逛了一会儿。自然就逛到了佛殿，自然就看见了焚香礼佛的信徒。

"这是什么？"佛像也是她第一次见，故而有此一问。

"这是菩萨。"

"菩萨是什么？"

"就跟神仙差不多。"

"他们是好的吗？"

"是的，他们会保护我们。"

她看着山门面目狰狞的四大天王，有些害怕："可是他们看起来很吓人。"

她妈妈连忙凑上来："所以你看，并不是每个长得好看的都是好人，长得难看的也不一定都是坏人。"

小姑娘一转头看见了笑口常开的弥勒佛："哈哈，为什么他的肚子这么大？我喜欢这个胖肚子菩萨。"

弥勒佛从此在我家小姑娘嘴里就成了"胖肚子"，希望他老人家开口笑笑就算了，大肚能容小姑娘的童言无忌。

文殊院自然供着文殊菩萨。在汉传佛教的四大菩萨中，文殊代表着智慧。虽然佛家所言的智慧跟我等凡夫俗子口中的"聪明伶俐，敏而好学"并不是一回事，不过进庙拜菩萨总不至于有错。小姑娘已经在幼儿园学会了 26 个字母，知道基本的英文拼读规则，开始读用最简单的单词写成的识字读物。在这些阅读材料中，最有名的是 *Bob Books*——连环画大小的小册子，每一本不过十几二十页。每一页是一幅大大的简笔漫画，下面跟着一个短句，少则三五个、多则七八个单词。入门级的书，每个单词都只有两三个字母。不管怎么说，也算是开始读书了，那就拜拜代表智慧的文殊菩萨吧。

"你要不要来烧香拜拜菩萨？"妈妈问她。

"为什么？"

"这个菩萨是管聪明的，他会保佑你读书好。"

小姑娘似乎对自己拜菩萨的资格有些不确定："可是我只会念 *Bob Book*。"

3.广场舞

第一次回中国，玩起来自然开心，不过下了飞机头两天对抗时差反应，也经历了不少起起落落中。我们回国的第一站是上海。这天小姑娘玩得累了，下午五六点钟就昏睡过去，晚饭也没吃。凌晨一点醒过来，看看四外漆黑一片，自然也明白是怎么回事。

"爸爸……"她叫我。

"你睡醒了？"我问。

"嗯。"

"你再试着睡一会儿好吗？我知道你不困了，可现在是半夜，我们也不能出去。你要是这时候起来玩，到天亮你就累了，我们就没法出去玩了。"

"那好吧。"懂事的小姑娘真就蜷在一旁静静地躺着，想要再睡一会儿。翻过来倒过去，捱到三点过，无奈实在睡不着了。我估摸着小姑娘该饿了，拿出手机看了一下大众点评，附近有家早点铺四点开门。索性不睡了，把小姑娘弄起来拾掇了一番，吃早点去。到了门口一看，四点开门不假，不过人家刚刚开始生炉子和面，我们俩在一众工作人员诧异的目光中夺路而逃。

早点没吃上，还能干点什么呢？昨天路过一个社区公园，里面有一塘锦鲤，小姑娘对喂鱼很有兴趣，不如去试试。走到公园门口，五点。上海天亮得早，已经聚集了不少晨练的老人在等着公园开门。保安哗啦啦一声拉开大门，人群蜂拥而入。我带着我家小姑娘也跟了进去。

"这小囡几岁了？"一个大妈从我们身旁走过，大概是没见过这么小的孩子一大早来公园。

"四岁。"

"这么早起来锻炼身体啊？我想叫我孙女跟我一起来晨练，她要睡觉从不肯来。这小囡真不错。"

倒时差这事没法跟一个擦肩而过的路人解释，我只好代我家小姑娘虚领了这番谬赞。

这一大早，自己还没吃早饭，带来喂鱼的面包只好拿出来一边喂人一边喂鱼。不一会儿面包没了，鱼饱没饱不知道，人大概混了个半饱。天还早，不妨等早点铺都开了门再离开公园可以多些选择。

这时候，公园里已经非常热闹了。手里拿着家伙的，分了几拨，太极剑，太极扇，还有不知道什么名头的棍法。赤手空拳的，光太极拳就不止一路，分头开练。吹拉弹唱的，二胡有之，葫芦丝有之，凭着一副肉嗓引吭高歌的也有之。

广场舞就不用说了，站在任何一个角落打望一下，目力所及，少说也有三五个不同的队伍。欢快的音乐，鲜明的节奏，韵律感十足的动作，小姑娘也给吸引了过去。起初不好意思，蹭在我身边扭扭捏捏，终于拗不过，加入了爷爷奶奶辈的队伍，蹦达了起来。

天哪，第一次带娃回国，她竟然跳起了广场舞！

不只是广场舞，街道上来来往往熙熙攘攘的人流，不同颜色的地砖铺成的人行道，路边卖零食的铺面，在人行道和车道之间穿梭的自行车，全都那么新鲜。长这么大，"中国"对她来说只是一个词汇，是"爸爸妈妈出生的地方"。如今，一个真实的中国随着广场舞一起在她眼前鲜活了起来。

一同鲜活起来的还有那些遥远的意象。为了让小姑娘的汉语水平比日常会话能高出去一点点，我们时不时地会教她一些唐诗。看过绘图本的唐诗小书，她也还算有兴趣，但山海阻断，缺乏感性认识，总是隔着一层。回到中国，虽说基本都在大城市里面，但古建筑和仿古建筑、中国风的装饰元素还是处处可见，倒也让这些铿锵的音节在她的眼里有了些实实在在的色彩。更没料到的是我们还见到了现场的中国书画。

清晨的公园，除了广场舞还有练习书法的老人。一管特制的大号软笔，以水为墨，在光滑的花岗岩地面上笔走龙蛇，让小姑娘看得目瞪口呆。忽然看到人家写出几个她认识的汉字，更是激动不已。

看过书法，居然还看到了中国画。一天下午，还没到饭点，麦当劳里不太繁忙，走累了想进去吃个冰淇淋歇歇脚。还没坐下就看见一位七十开外的老人独占了一张高脚的长条桌，铺开一个青绿山水的长卷，水、墨、颜料在桌上一字排开。长卷上的山水已经有了水墨的底稿，老人手里握着笔，在山河之间点染上浓淡不一的青色。大约一尺宽的画幅，铺在桌面上的只有两三尺的长度。画好一部分就卷起来，再展开一部分。于是画轴就成了两个卷筒，画好的部分卷成三四厘米的直径，没画完的那卷直径得有十厘米。小姑娘第一次看见中国画，跟她习以为常的动漫、蜡笔画、铅笔画迥然不同，竟然看得入了神。老人对麦当劳内外此起彼伏的喧嚣充耳不闻，小姑娘忘了冰淇淋的诱惑对着画看得目不转睛，过了好一阵都舍不得离开。

"爸爸，"小姑娘一边看一边问："那个爷爷今天画得完吗？"

"你看那么长的一个长卷，我猜画不完。要画很多天才能画完。"

老人听到我们的对话，觉得这小姑娘有点意思，对她说："一天画不完的。爷爷要画半个多月才能画完。你看先画出底稿，这是青绿山水，还要着色，要很多天的。"

我借机想教育小姑娘做事情要能持之以恒，说："你看，没有什么事情是一下子就能做出来的，要坚持。"

小姑娘不为所动，还沉浸在自己的思绪当中，提出一个新的问题："那他画不完晚上放哪儿呢？"

我能说我不知道吗？

自圆其说

女儿从小话多，除了睡觉，嘴没有停下来的时候。大人说话，哪怕她在旁边专心致志干别的，也会时不时冒出一句什么来，跟大人说的话接得天衣无缝。三岁多的时候，我开始有意识地记录和整理她那些妙趣横生的无忌童言。

1.车太大了

度假，在外地。按着地图的指引开在乡间公路上，走着走着前面路断了，一个硕大的 *Road Closed*（此路封闭）的电子指示牌横在路中间，一排桔黄色的交通标志把一条不宽的路封得严严实实。封路指示牌前后看不出施工或任何其它问题，谷歌地图没有显示。没办法，只好绕道。车停在路边，我正拿出手机看地图，跟她妈妈商量路线，突然之间，一辆小车嗖的一声从我们后面超上来，在路障前略一减速，轧着路肩绕过路障扬长而去。我和她妈妈都惊呆了，不知道这辆车是什么来头。"这车怎么过去了？"她妈妈说。

"这是工程车吧？"我猜测。

"或者这人就住在前面。"她妈妈给出了另外一种猜测。

"我们还是绕道吧，"我说："谁知道前面是什么情况。"

"就是，这人生地不熟的。"妈妈也同意。

正说着，小姑娘突然来了一句："我们的车太大了。"

我们开的是一辆七座 *SUV*。她的意思，我们开的要是一辆小车，我们也能从路障边上绕过去了。我和她妈妈大笑不止。

2.树把鸟窝占了

其实孩子这么说并不奇怪。在她三岁半的人生经历里面已经学到了不少逻辑、了解了一些事物的规律。遇到新鲜的事物总喜欢在她的小脑瓜里过上几遍，把新东西纳入到她能理解的逻辑框架里面，用她有限的语言和逻辑能够解释，她才能放心地接受这个新事物。这个过程，英文叫做 *making sense of something*，大人认识新鲜事物也是这样一个"套路"，只是小孩的知识积累和认识世界的"套路"有限，所以有些结论听起来比较好笑。

有一天带女儿在外面玩，她看见一些小树脚下用木屑堆成了一个圆环，略高于地面。小姑娘突然来了句："爸爸，你看，树把鸟窝给占了。"

"这不是鸟窝。"我告诉她："长的有点像鸟窝是不是？你很会观察，这些木屑堆出来的圆环的确有点像鸟窝。但这不是鸟窝，这是用来保护树的。"

"为什么呀？"小姑娘很好奇。

"这些木屑围起来像一个碗，这样可以把水留在里面，树就可以喝水。"

"人类失去联想，世界将会怎样？"这句多年前的广告词总之告诫我们为人父母者，保护孩子的联想和想象力是多么重要。

3.晚上的诗

天马行空的联想和不着边际的浮想，二者最大的区别在于联想需要有一定的逻辑支持。如果不放心小孩是不是会"想太多"，不妨测试一下。所以有些时候我会特意问她些问题，看看她的这些联想背后有没有"*making sense*"的思维过程。

"爸爸给我念首诗。"她跟我说。

我开始念："床前明月光…"

"这是晚上的诗。"她马上就接了话。

"是的，因为有月亮。"我说。

"'危楼高百尺'也是晚上的诗。"小姑娘这么说倒是有点出乎我的意料。

于是我问她："为什么呀？"

"因为有星星——'手可摘星辰'。"

4.不能吃辣

有了这些初步推理的能力，小姑娘凡事都愿意往她自己的框架里面套。这不奇怪。好玩的是，她喜欢说话，时时刻刻不管大人说什么她都要接一句。说多了，难免会带出她自己认识世界的逻辑框架，一本正经地说出来，特别有意思。

小孩子都爱吃甜的，怕吃辣的。不过，只要对了胃口，辣的她也能吃不少。看我吃薯片，她也要吃。给她吃了一块，马上说辣，不过喜欢薯片的味道，又吃了不少。

第二天我吃辣的面条，故意跟她逗乐："这个面条你要吃吗？"

"不要。"她回答："这是辣的。大人可以吃，小孩不能吃辣的。"

"辣的薯片你怎么能吃呢？"我反问。

"薯片是硬的，面条是软的。辣的硬的我就可以吃。"她理直气壮。

我也是醉了。

5.消防车跑得最快

再长大些，快四岁了，越发喜欢刨根问底。刨不出根问不出底的时候也不气馁，这时候她能迅速切换成自问自答模式，说出来的话还常常能自圆其说。这天晚上就来了这么一出。

加拿大的报警电话跟中国不同，不分火警、盗警、交通事故，所有紧急情况下的报警电话都是911。一旦接到事故报告，应急中心通常会同时派出警车、救护车和消防车赶赴事故现场，三种应急支援队伍的工作人员都有基本的急救技能，谁先到谁先救人。在把救人排在第一位的指导思想之下，街上常常看见警车、救护车和消防车一辆接一辆相继呼啸而过的情形。

一天晚上回家路上，远远地看见前边有警灯闪烁，白色的灯，顶住一辆不太高的车顶上，急急地往前去了。小姑娘一下子来了精神："我觉得是救护车。"

"隔那么远你都知道，你眼睛真尖。"我说。

"为什么只有救护车？"她开启提问模式："怎么没有消防车和警车呢？"

"可能三辆车从三个不同的地方开出来的，走不同的路，所以我们这条路上只看见一辆救护车。"我只好进入回答模式。

她进入复读机模式："为什么没看见消防车和警车呢？"

"消防站在我们前面的地方，消防车可能已经从那边开走了。"我补充说明。

她继续复读机模式："嗯，为什么只有救护车？"

"我们没看见警车和消防车，但是他们可能从其它地方过去了。"

她终于自己找出来答案："爸爸，我觉得消防车开得最快。"

"是吗？"我问。

"嗯，消防车最快，警车第二名，救护车是最后一名。"

"所以我们只看见救护车是吗？"我试图理解她的逻辑。

"是的，因为消防车和警车已经开走了。"

呵呵，这是她的套路。遇到什么事儿，老爱琢磨，一定要把事情放在她自己能够理解的逻辑框架里面解释得过去，这事儿才算完。

6.打篮球的哥哥

这个套路也适用于编故事。看见一个画面一个场景，小姑娘会联想出好多问题，然后发挥自问自答的风格，非得把故事编圆了才能让自己满意。

有一天我们去社区中心。多伦多是个浅丘陵地貌，地势高低不平，很多房子这面看过去是一楼换个角度看则是二楼，跟重庆有点像，虽然落差没有那么大。这个社区中心也是这样，正面进去是一楼，其实下面还有一层。走进大门，走廊一侧有两个大玻璃窗，望进去，正好看到楼下的两间篮球兼壁球室——打壁球是一个完整的球场，打篮球则是比半场还小一点的地方，只容得下一两个人对着墙上的篮筐练球。透过玻璃窗只能看见球场，看不到进出球场的门和通道。

这天是个中学生模样的男孩独自在下面打球。小姑娘津津有味地看了一会儿，突然产生了疑问："哥哥打完球从哪儿上来呢？"

"球场的门和楼梯被遮住了，我们站在这里只能看见球场，其实旁边有门的，他可以从那边上来。"我跟她解释。

"那他怎么回家呢？他爸爸妈妈呢？"问题还没完。

"可能他爸爸妈妈过会儿来接他。"

"不，可能他自己来的。"小姑娘提出了自己的意见："他比我大，可以自己回家，不用爸爸妈妈接他。"

"有可能。"我承认她说得有道理："他可以骑自行车。"

可是小姑娘觉得还不够圆满："那他的球放哪儿呢？他抱着球骑自行车太危险了。"

"他可以把球放在这儿不拿回家。"

"不，我觉得他可以把球背在书包里。"

想得真多。

7.零食

除了想得多，小姑娘历来会绕弯子说话，在表达她的需求时更是极尽含蓄委婉之能事，也不知道是从哪儿学来的。最典型的案例，想吃零食不直接说，简直就是我们家的常态。比如下午放学去幼儿园接她，通常就是这样的。她来一句："爸爸，你饿吗？"

我当然明白她的意思，心里暗笑，嘴上故意说："我不饿。"

她不肯放弃，继续："爸爸，你饿吗？"

我继续暗笑："我不饿。你饿吗？"还得给个台阶，不然小姑娘能纠缠很长时间。

"我饿了。"终于把话说出了口。

"那我们赶快回家吃饭吧。"我继续逗她。

"不，我想吃另外一些东西。"

"另外一些什么东西。"我问。

"你带了什么？"她反问。

"我没带零食，我们回家吃饭吧。"

"不，我不想吃家里的东西，我想吃你带来的东西。"

8.蛋糕

你要是觉得这是绕弯子，那就太低估这小姑娘的表达能力了。

一天下午，她妈妈做了个蛋糕，小姑娘吃了一大块。晚上吃饭的时候妈妈说蛋糕已经吃太多，不能再吃了，起码得先吃完饭再说。小姑娘要面子，即使吃完了饭还硬撑着不肯承认她想吃蛋糕。不愿意跟她妈妈正面接触，还把我拉进来。

当着妈妈，她却问我："爸爸，你还想吃点什么东西吗？"

"我吃饱了。你还想吃什么吗？"我说。

"我还想吃点东西。你也吃点吧。我愿意跟你分享。"说得多好听。

"你要吃水果吗？"我问她。

"不要。"……扭扭捏捏了半天，终于忍不住开口了："我们来吃一些别的东西吧。"

"要吃什么？"我问。

"我想吃一些…我们来吃一点那个面粉做的东西。"

"面粉做的什么东西？馒头吗？"我快绷不住了。

"不是馒头，是面粉做的圆的。"她说。

"馒头也是圆的。"我说。

"面粉做的，甜的，有奶油的那个。"
所有人大笑。

9.花生

有几年时间小姑娘对花生过敏，有花生成分的食品都不能吃。她自己也知道，所以只要我们一跟她说什么东西里面有花生她就再也不说她想吃那东西了。不过，这也被她演化成了想吃零食的另外一种表达方式。

比如她会明知故问："这个有花生吗？"

"没有。"我说。

"那你想吃吗？我可以跟你分享一点。"

关于花生的表达还有另外一面，那就是含蓄里面包含的死要面子。比如在超市看见一样点心，现做现卖的那种，不像包装好的零食有明确的过敏原标志，我们有时候不太确定是否可以给她吃。

她会问："我可以吃这个吗？"

"这个我不知道有没有花生。我得去问一下。"

她开始铺垫："我猜有花生。"

"要是有花生你就不能吃了。"

她把头一扭："我也不想要吃这个。"

好吧，不让你有机会拒绝我，我先拒绝你。

10.极致含蓄

某天晚饭自家做了饼，小姑娘平时就爱吃，那天吃得特别多。吃完晚饭，玩了一会儿。例行的时间，洗澡以前又坐到桌子旁边准备吃水果。水果还没吃，一眼看见桌上剩下的一块儿饼。

她问："我可以再吃一些饼吗？"

我问："你不吃水果了？"

"我想吃饼和水果。"特意在"和"字上加重了语气。

"那你吃吧。"我说。

……

吧嗒吧嗒吃饼吃得正开心，小姑娘突然来了一句："饼不吃完会坏掉吧？"

无语。

指蛙为兔

过了四岁，小姑娘说话越来越有意思。以前她说话绕弯子是因为不好意思直说（天知道为什么）。每次她拐个大弯，我们都觉得好笑。笑多了，小姑娘也有所察觉。慢慢地，她虽然有时候还会绕着弯子说话，目的却是为了逗我们玩儿。

1.B开头的零食

加拿大有种小吃叫 *Beaver's Tail*（水獭尾巴），就是炸油饼上面抹上巧克力酱。这东西平常没有卖的，我们常去的地方只有动物园有。这天刚进动物园，我说了一句待会儿我们买一个来吃。说话的时候，小姑娘心里想着别的事儿，也没搭茬。在动物园逛了半天，小姑娘却突然想起这事儿来了。

"爸爸我饿了。"她说。

"妈妈带了饼干，你要吃吗？"我问她。

"*No, I want to eat something that starts with a B.*"（不要，我想吃一个字母 *B* 开头的东西）

我们一听立马明白了。动物园大得很，正巧当时我们旁边没有卖的，于是我们开始逗她玩。

"什么东西 *start with a B* 呀？*Banana*？"她妈妈说。（香蕉）

她笑了："不是！"

妈妈继续逗她："*Bread*？"（面包）

她继续笑："不是。你接着猜。"

我也笑了："你不会是要吃 *Bumblebee* 吧？"（黄蜂）

　　我们就这么闹了一路，差不多把她知道的字母 *B* 开头的单词全说了一遍，也不管那东西是不是吃的。

2.指蛙为兔

　　逗我们玩儿，也可以直截了当。动物园逛完了，保留节目是在门口坐旋转木马。这里的旋转木马也很有动物园的特色，骑的不是马，而是各种各样的小动物。

　　"你要坐哪一个？"我问："快去挑一个。"

　　小姑娘朝着一个青蛙造型的飞奔而去，边跑边说："我要骑这个兔子。"

　　"可这是一个青蛙。"我说。

　　这回她不绕圈子了，直截了当地跟我耍无赖："*It looks like a rabbit, so I want to name it rabbit.*"（它看着像个兔子，所以我给它起个名字叫兔子）。

　　"所以它是一个名叫'兔子'的青蛙吗？"好吧，我说不过你。

3.吃梨

　　耍无赖也不光是为了逗我们玩儿，有时候是她的"谈判策略"。

　　到了吃水果的时间，她妈妈问她："你要不要吃个橙子？"

　　"可是我想吃梨。"她说。

　　"这橙子好甜，只有最后一个了，你不吃就没了。"

　　"可是我今天想吃梨。"

　　"妈妈想吃橙子，你跟我分享一个好吗？"妈妈也有招。

　　可小姑娘不为所动，指着沙发上的一堆洋娃娃："你去跟她们分享吧，我要吃梨。"

　　我敢保证，她说这话没有经过哪怕一秒钟的思考。面不改色心不跳，就是这么理所当然理直气壮。

4.人家是有思考的

　　说她"耍无赖"其实是有点冤枉她。不过有的时候她看似不经意的一句话却是人家经过深思熟虑给我们下的套。

前些时候，她妈妈的生日是一个工作日。我们决定请一天假，把小姑娘照常送去幼儿园，我们两个人逍遥一天。一切按我们计划进行。没料到，事情过了好久，有一天早上送她去幼儿园的时候小姑娘突然发难："爸爸，为什么有一天妈妈没去上班？"

突然给她这么一问，我楞了一下："哦，那天是妈妈生日。"

"你们两个都没去上班？"

我做贼心虚地继续敷衍："我帮妈妈庆祝啊。"

她不动声色，语气平缓："可是我去上学了。"

小可怜，真是什么都瞒不过你。

5.西瓜

小姑娘的逻辑越来越强大，圈子已经发展成了套路，配合强大的逻辑，挖的坑让人无处可逃。

某天带她去游泳，出门前切了一盒西瓜放在车里，准备游完泳以后吃。大包小包的不方便，我就把西瓜留在车上没带进更衣室，想着回家路上正好坐车里吃。没想到游完泳还没换衣服呢，小姑娘就想吃西瓜了："爸爸，我想吃西瓜。"

"西瓜在车里，等会儿上车再吃。"我说。

她向我发难："为什么你总是不把吃的带进来？"

"这里面不方便吃东西。"

正巧旁边有个垃圾桶，小姑娘一眼看见里边有两个饮料瓶子，于是抗议开了："你看有人把喝的东西带进来的。"

我说："更衣室里面地方这么小……"

"可是门比西瓜大。"她义正词严。

"我是说地方小摆不开，吃起来不方便。"

"可是妈妈都已经切好了，那个盒子可以装在你的包里。"

好吧，如此强大的逻辑，不服不行。

6.犯傻

还好，没过两天，小姑娘就犯傻了，让我暗自庆幸。

我们家的规矩，平时不给糖果吃，冰淇淋一般也是周末、假期或者天气特别热的时候才有。在规定的份额之外如果还想要，就得靠平时"挣表现"来换。饭吃得好，可以在日历上敲两个图章，做作业也有，读书也有。集满 50 个图章可以换一次糖果、冰淇凌或是什么小玩具。小姑娘慢慢长大了，要求也变得越来越复杂，所以最近这些图章也变成了我们跟她"谈判"的筹码。

这天晚上幼儿园放了学，妈妈接了她先去图书馆参加故事会。回到家，晚饭已经准备好了，时间也不早了。没想到小姑娘突然心血来潮，回家路上跟妈妈说想吃麦当劳。作为不健康快餐的典型代表，麦当劳很少进入我们的食谱，但架不住小孩子就是喜欢。这不但是一个分外的要求，而且是无准备的临时提议，当然少不了一番讨价还价。

"爸爸，"她来找我："妈妈让我问你能不能吃麦当劳。"

"可以啊，你要想吃的话我们明天去吃吧。"我说。

"可是我今天就想吃。"

"好吧，可以。"我答应得这么痛快，小姑娘有点觉得有点不可思议，怯怯地又问了一句："我想今天吃。"

"可以。"我再次肯定，接着提出了我的条件："不过今天晚饭已经准备好了，你临时才说要想吃麦当劳就得用 50 个图章换，可以吗？"

"可以。"小姑娘丝毫没有犹豫。

轮到我惴惴了："你想想清楚啊，要是明天去吃麦当劳就不用拿图章换，因为你提前告诉我们了，我们可以计划。今天去就得用 50 个图章换。你要是换了麦当劳你就没有图章可以换别的东西了，想想清楚。"

"我想要今天去。"她坚持。

"50 个图章哦。"

"嗯。"

我换了一招，条件加码："另外你今天去了图书馆，现在已经很晚了，在家吃饭你才能赶得及按时洗澡睡觉。要是去麦当劳，回来就太晚了，你睡觉之前就没有时间讲故事了。"

她不为所动："我还是想要去麦当劳吃。"

"那我们说好了，50 个图章，而且今天晚上不能讲故事。要是明天去就不用拿图章换，而且可以讲故事。你要今天去还是明天去？"

"今天。"

"行，那我们走吧。"我说。

"吧！"她高兴地叫起来："妈妈，爸爸带我去吃麦当劳了，拜拜。"

其实，这是我犯傻还是她犯傻？

"管闲事"

小姑娘四岁多的时候颇有点爱"管闲事"，小脑袋里面好像总装着这样那样的事情，时不时冒出几句话来，就够人惊讶半天。

1.瓶子

这天早上起来到厨房吃早饭，晃眼一看灶台边放着的油盐酱醋，立马就开启了"管闲事"模式："爸爸，为什么这里有两个一样的装油的瓶子？"

我看了一眼："那不是油，是醋瓶子。"

"一瓶新的和一瓶旧的吗？"

"是的，"我说："旧的那瓶只剩个底了，所以拿一瓶新的出来准备着。"

灶台上放着料酒、油、醋、酱油和一些别的调料，好几个瓶子一字排开一大串。在她发出这个问题之前我从来没有意识到小姑娘平时居然对此有所留意。

2.小报告

除了家里的"闲事"，每天在幼儿园里发生的大小事情，回到家自然少不了跟我们"八卦"一番。这天接她，从见面到回到家不过十来分钟的时间，小嘴巴不停地跟我讲了一连串事情。还没出幼儿园的门就开始了，一边换室外的雪靴一边开说："爸爸，*Ms. Sahra* 今天来晚了。"*Ms. Sahra* 是她的老师。

于是我随口问："哦，她病了吗？"

"不是，她就是今天早上来晚了。"

这小报告打的！

3.人事

换好鞋我们往外走。刚走了两步，又开始汇报另外一件人事变动。

"明天是我最后一天上学吗？"她问。

"不是啊。怎么会是最后一天？"我给她问得有点摸不着头脑。

"明天星期五。然后是星期六、星期天都不上学。"

"哦，是的，"我这才明白她的意思，说："明天是这周最后一天上学。过完周末下周再上学。"

"今天 *Nuonuo* 没有来。"

"哦。"我没在意。

"昨天是他最后一天上学，今天他没有来。*Nuonuo* 回台湾去了。"原来这才是她要说的正题。

Nuonuo 是她同班的一个男孩，台湾人，跟父母住在台湾，他爷爷奶奶住在加拿大。去年夏天 *Nuonuo* 来多伦多探亲就留在这里跟班上了一个多学期的幼儿园，据他父母说是让他接触一下不同的环境。看样子现在回台湾过年了。

于是我问："那他以后还来吗？"

"不来了。他回台湾了。"

"你跟他说再见了吗？"

"说了。他夏天还会来的。"

4.水龙头

说完 *Nuonuo* 的事，刚一上车，突然又想起什么来，迫不及待地告诉我一件重大新闻："爸爸，洗手间里换了一个新的、不是自动的、洗手的那个东西。"边说还边比划，做了一个用手往上抬的动作："是这样开的那种。"

我问："新的水龙头吗？"

"是的。原来那个自动的坏了。"

"哦，所以就换了一个手动的吗？"

"嗯。原来的有两个、三个、四个、五个、六个都坏了。"

好吧，好像一共只有四个水龙头。

5.接送

"八卦"实在太多，即便是她喜欢的零食也没堵住她的嘴。说完水龙头的事，零食拿出来刚吃了没几口，又想起一件事来："爸爸，*drop off* 是什么意思？"

"比如早上妈妈送你到学校就是把你 *drop off* 到学校。"我回答。

"把我扔在学校吗？"

"哈哈，"我被她的神翻译逗笑了："你又不是一件东西，怎么会把你扔下呢？是把你放在学校，把你送到学校。"

她继续吃着零食，我忍不住问："你怎么想起问这个？是有小朋友跟你说这个词吗？"

"是 *Manxi* 说的。"

"是她妈妈 *drop off* 她吗？"

"她爷爷 *drop off* 她的。"

6.老师

如果说上面这几段还只是得之于观察，下面这段可真是体现了她的"八卦"精神。

说完 *Manxi* 家的事，她又跟我说："我的 *music teacher* 跟 *French teacher* 是好朋友。"

"大家都是好朋友吗？"我随口答。

"不是的。她们两个是邻居，所以她们是好朋友。"小姑娘有理有据。

"你怎么知道？"

"是 *music teacher* 说的。"

我很难想象一位老师会跟孩子们说她和另外一位老师是邻居，这个画面实在脑补不出来。一个四岁的孩子，这是一种什么样的"管闲事"精神啊！

7.方向盘

"管闲事"绝非一时一地。过了些时候，某天去幼儿园接她放学，刚上车问题就来了。

"爸爸，为什么你的方向盘是歪的？"她问我。

"哦，我刚才停车的时候没有把方向盘回到位。是应该把它倒回去的。"

"为什么？"

"停车场位置比较挤，我没顾得上。"

还好她放了我一马，没再追问下去。

8.仗义

安静了没几分钟，小嘴又说开了。我这才知道没追问下去是因为有更重要的"闲事"要跟我说。

"爸爸，你知道吗，*William* 老是打小朋友。"

"真的？他打你了？"这不是小事，我得问问。

"没有。他打 *Rita*。*Rita* 是我的朋友。"

"那你们告诉老师了吗？"

"我就站在 *Rita* 前面不让 *William* 打她。"小姑娘很英勇的样子。

"你这么厉害？那他打到你了吗？"

"没有。他只是要打 *Rita*，我就挡在 *Rita* 前面了，我就告诉他 '*Stop hurting my friend*'。"（不要欺负我的朋友）。

"你真棒。然后你们告诉老师了吗？"

"嗯。*Rosebell* 就去告诉老师了。我只是挡着 *Rita*。"

"很好。以后他要是再这样你可以去把他的手拉住，不让他打 *Rita*。"

"*Sami* 就去把他控制住了。"

我一听她用的这词，不禁莞尔："呵呵，*Sami* 怎么'控制'他的呀。"

"他就是去把 *William* 抱住不让他打，和我就是站在 *Rita* 前面挡住她，和 *Rosebell* 就是去告诉老师。"

"你们真棒！*William* 比你们小是吗？"

“嗯。他刚来我们班。今天他妈妈走了以后他还哭了。”

“他小，不懂事。你现在是你们班里的大姐姐了，你得要帮助他，告诉他打人不对，也要告诉老师，老师也会帮助他，是不是？”

“嗯。我就说‘*Stop hurting my friend*’。”（不要欺负我的朋友）

小姑娘最近看了不少"英雄"类的动画片，包括 *PJ Masks*（睡衣小英雄）、*Paw Patrol*（汪汪队立大功），看来是很受了些熏陶，也不知道这番话有多少是真事，多少是现实与动画片情节在小脑袋里合成出来的"增强现实"画面。不管怎么说，至少小脑袋里对于怎么应对"幼儿园政治"有了点概念了。既然如此，"闲事"管管或许倒也无妨。

碎碎念

小姑娘到了五岁，越发话多，除了吃水果的时候不说话，其余时间只要醒着嘴里总是念念有词。

1.假期

休假离开平时习以为常的环境和生活，更是时刻处于兴奋状态，话更多了。天寒地冻的多伦多，冬天出门当然是去南方加勒比海一带暖和的地方。一下飞机看到蓝天绿树，小姑娘立马就把短打扮亮了出来，高兴得连蹦带跳。

"现在加拿大是晚上吗？"她问。

"不是，"我告诉她："加拿大和墨西哥的时间是一样的。"

"中国是晚上。"小姑娘很愿意展示她的知识。

"是的，中国的时间跟我们这儿是反着的。"

"可是我们那儿是冬天，墨西哥是夏天。"

"墨西哥也是冬天，只不过这里的冬天也很暖和，不像加拿大那么冷。"我说。

"为什么冬天也可以穿短袖？"小姑娘表示不理解。

"因为这里是热带，一年到头都很热。夏天这里就更热了。"

"就太热了！"小姑娘满意地总结道。

度假的地方总是有新鲜玩意。除了天气热，热带地区还有寒带所没有的动物。一到酒店住下就发现这里有很多巨大的蜥蜴，头尾得有两尺长，三三两两地趴在地上。

"你看这里有大蜥蜴。"我叫了一声。

小姑娘不甘示弱："是我先看见的。"

"有三只。"

"我猜是妈妈和姐姐和一个宝宝。"她总喜欢给小动物们安排出一定的家庭关系。

"你怎么知道？"我问。

她没接我的话，自顾自补充说："爸爸出去找吃的了。"

我们家我和她妈妈都工作，我们也都带小姑娘玩，不知道为什么她的印象中动物们的爸爸总是负责找吃的。

大蜥蜴虽不常见，可究竟也不算陌生。此地倒是有两种动物我们谁也没见过。其中一种跟浣熊很像，但是体型比浣熊瘦得多，脸也不是浣熊那样的圆脸而是时下流行的锥子脸。脾气倒是跟浣熊有得一比，都喜欢翻垃圾。这天我们在酒店里走着，一大群这东西从我们身旁走过，足有十来只，不慌不忙地，路边的垃圾桶挨个翻过去，有两只直接跳进了垃圾桶里面细细查找。小姑娘看见，又来劲了。

"你看它们翻垃圾。"我说。

"*Stinky!*"她大叫。（臭）

"*Stinky!*"我附和。

"有一只在垃圾箱里，"小姑娘像是发现了新大陆："它把自己当成 *garbage* 了！"（垃圾）

当然也不是所有动物都是野生的，我们住的酒店还养着几只海豚，除了表演也可以跟游客亲密互动，一起游泳。我们参加了这个活动，听了饲养员详细的解说，亲手摸了海豚，还趴在海豚肚子上游了泳，小姑娘自然高兴。

活动结束，我问她："你刚才听见饲养员阿姨讲了吗？海豚不用睡觉。"

"为什么？"

"它可以自己控制，让半个大脑休息，半个大脑工作，来回轮换。"

"你那样做会死掉吗？"小姑娘追问。

"不是死不死掉的问题，我根本没法让我的大脑半个休息半个工作。"

"那鲨鱼可以吗？"

"鲨鱼也不可以。虽然它们长得很像，但是海豚不是鱼，它是哺乳动物。"

"是什么？"这个词对她有点陌生，所以有此追问。

"就是 *mammal*。"哺乳动物这个英文词她知道，所以我这么解释。"你知道鱼是怎么生出来的吗？"我又问。

"蛋。"她说。

"是的。海豚是从妈妈肚子里直接生出来的，不是蛋孵出来的。"

"我也是 *mammal*。"

因为陪她跟海豚游了泳，我在这位小 *mammal* 心里的地位也提高了，居然主动夸起我来。

"爸爸，我游得好吗？"

"不错，你这几天进步很大，再继续练，学会换气你就真的会游泳了。"

"我比妈妈游得好吗？"

"可是妈妈会换气，你还不会。"

"没人比你游得好。只有海豚比你游得好。"

这简直把我捧到天上去了，我的游泳技术已经超越人类进入跟海豚比较的行列了！吃饭的时候我把这事告诉她妈妈："你女儿说没人游泳比她爸游得好，只有海豚比我游得好。"

"你爸这么厉害啊？"妈妈问。

她一边吃着甜品一边淡淡地来了一句："我是说在我们家。"

原来如此。

2.救护车

小姑娘对医生的印象除了那位从出生就开始看她的儿科"医生爷爷"之外，主要来自对于时常在街头呼啸而过的救护车充满激情的想象。这天我们路过一所医院，小姑娘突然看见了医院对面停着的一排救护车。

她大叫："这里有很多救护车。"

"对啊，这边是一家医院。"我说。

"是救护车的家。"

"是的。"

她又问："*Manxi* 的爸爸妈妈在这个医院工作吗？" *Manxi* 是她的好朋友，父母都是护士。她爸爸在医院的病房工作，需要倒班。周末和节假日我们跟 *Manxi* 一起出去玩，她爸爸很少有空参加，小姑娘于是对这一点印象深刻。

我告诉她："不是的。她爸爸在医院工作，但不是这家医院。"

"她爸爸妈妈在同一家医院吗？"小姑娘继续追问。

"不在。她爸爸在医院工作，她妈妈不在医院。她妈妈在几个不同的地方上班，有时候去一家诊所，有时候去另外一家诊所，还有些时候她会去病人家里。"

"去家里给人看病吗？"

"多数时候病人都会自己去医院或者诊所，只有特殊情况，比如有些人走不了路，或者不方便出门，就会有医生护士去他们家里照顾他们。"我说。

"她爸爸妈妈是医生吗？"

"不是，他们都是护士。苏菲的爸爸是医生，她妈妈是护士。"苏菲是我们隔壁邻居，比我家小姑娘大几个月。

小姑娘马上又问："可是苏菲的爸爸经常周末都在家。"

"那有什么问题？"我不解。

"要是有人周末生病了怎么办？"她显得有些忧心忡忡。

"这世界上又不是只有她爸爸一个医生。"

"他的医院里还有别的医生吗？"

"苏菲的爸爸也不在医院工作。多数医生都不在医院工作，就像你的医生爷爷一样，他们都在一个诊所里面给人看病。"

"你怎么知道？"小姑娘显然不肯轻易采信我的答案。

"我问过苏菲的爸爸，他告诉我的。"我告诉她。

第二天一早，小姑娘突然神秘兮兮地凑到我跟前，说："我昨天晚上梦到我和罗丝贝尔在医院工作。"

"你们当医生吗？"我问。

"不是，我们是护士。"

罗丝贝尔是她幼儿园的小朋友，最近经常听她提起小朋友们对未来的"规划"。比如有时候她会说："我和罗丝贝尔是护士，我们在救护车里。"

"哦。"我敷衍道。

"山米当消防员，他在救护车里。我们可以一起去救人。"

我问："你怎么不去当消防员？"

"因为我想跟罗丝贝尔在一起。"

有时候是另外一个版本。

"我可以当消防员。"她说。

我问："你不要跟罗丝贝尔一起当护士了吗？"

"当消防员也可以跟她一起去救人。"

"好吧。"

她又问："有女孩当消防员吗？"

"当然有啊。"

"要学吗？"

"是啊，不管干什么都要学了才会做啊。"

"当护士也要学吗？"

"要啊。"

"他们小时候都要上学吗？"

"要啊，要上小学，然后上中学，然后上大学。"

尽管警车、救护车和消防车常常同时出现在街头，小姑娘甚至可以准确地判断三种警报的声音，但在各个版本中的设计中她却从来没有当过警察。只有一次，警察的角色在幼儿园的游戏里出现了。

有一天她跟我说："今天马克当强盗，我和罗丝贝尔当警察。"

"你们一起玩啊？"我问。

"还有瑞塔，和阿薇安娜，和莫妮卡，和瑞贝卡，和露丝……"她报了一连串名字。

"你们这么多警察抓马克一个强盗啊？"我乐了。

"还有山米也是强盗。"

“这么多警察抓两个强盗？”

“可是他们跑太快了，我们都抓不到。”她说。

冰激凌的颜色

　　有一次我看一本描写清朝历史的长篇小说。一个对这类题材不以为然的朋友见了大惑不解，说"你怎么看这书？"我说我想了解一下那时候的权力结构和人在官场的心态。朋友想了想说："你看书原来看的不是书。"这事到现在已经快二十年了，我到现在也没明白，怎么看书才算是看书。

　　好在这哥们儿没见过我家小姑娘看书，要是见了，恐怕更要惊诧莫名。小姑娘有很多书，当然都是绘本。从几个月开始，每天睡觉之前总得要念两本书，已经成了习惯。一个字都不认识的时候，当然是我们给她念。认识几个字了，我们就一起念。不过不管谁念绘本，最吸引孩子的自然是彩色的图片，而小姑娘的关注点也常常是图上无关主题的细节。

　　小姑娘有一套中国古代故事的绘本，从她很小的时候就看。这套书里他最喜欢的一本是《孔融让梨》，有段时间几乎天天看。书中有一幅图，画的是孔融和兄弟们从院里的梨树上摘梨，很快就摘了一大筐。每次一讲这本书，小姑娘就卯足了精神等着，一到这一页就特别兴奋。

　　我照着书念："摘啊摘，筐里很快装满了梨子。"

　　这书她看过无数遍，对故事早已到了毫不关心的地步，只盯着图上的那一筐梨。更准确的说是盯着筐子装满了以后掉在地上的那一只梨。看到这一页她就会指着图画问："你看为什么有一只梨在地上？"说着就呵呵地笑开了。每次看这本书都这样，从无例外。

　　凭着对图片的记忆，不识字的小姑娘能准确的从一堆书中找到她要的那一本，屡试不爽。随着年龄增长，绘本也更新换代，这套古代故事已经有一年多没看了。这天无意中又在书架上看到了这套书，小姑娘立刻就来了精神：

“爸爸，我要讲那本梨掉在地上的故事。”话音未落，就从一套十几本中把这一本挑了出来。

除了图片，小姑娘对色彩的敏感更是常常出乎我的意料。这天我们在看一本以《冰雪奇缘》人物为主角的故事书。书中相连的两页，爱莎连续出场，穿的都是小姑娘最爱的长裙，不过前一页中是薄纱，后一页则套了一件披风。服装的变化又让小姑娘兴奋起来。她指着书中爱莎的衣服说：“*This is light blue and this is dark blue.*”（这是浅蓝色，这是深蓝色。）

留意到服饰的变化也就罢了，好歹那是主人公穿的衣服。可她对《小猪佩奇》中一个细节的细致观察和精准记忆完全让我自叹不如。书中小猪佩奇和弟弟乔治正在院子里游戏，猪爸爸在花园里干活。这时候猪妈妈从房子里走出来，手里捧着四只冰激凌，一人一个。

“爸爸快看，我知道的。”她拉着我说。

我不明白她在说什么：“你知道什么？”

“冰激凌。我知道哪个颜色的冰激凌是给谁的。”

这本书我不是第一次给她讲，但以前从来没有注意到猪妈妈手里的四支冰激凌是四种不同的颜色。我对她的话将信将疑：“你怎么会知道？”

“我知道的。咖啡色的是给乔治的，佩奇是黄色的，和粉色的是给猪爸爸的和绿色的是给猪妈妈的。”

“真的吗？”我有些好奇。她一点不含糊，伸手就把书翻到了下一页：“你看！”

星星工程师和刷牙机器人

睡觉前念两本书是从很小的时候开始养成的习惯。最近一年，小姑娘渐渐掌握了基础的拼读规律，可以自己读一些简单的英文书了，她的书架上就多了很多幼儿阅读绘本。一方面是因为这些书她自己能读，有成就感，另一方面，内容都是她喜欢的卡通故事，这类书于是成了她阅读的主要内容。偶然一次我从图书馆借了一本《我们当上了宇航员》回家，小姑娘爱不释手，让我反复给她讲了好多遍，于是我才开始有意识地给她找一些科技类儿童读物。

这天在图书馆的儿童区，小姑娘跟以往一样自顾自地看她的公主故事，我则在一旁挨个书架查找科技童书。不得不承认，故事书汗牛充栋，科普书凤毛麟角。好容易看到一本题目里有个"工程师"字样的绘本，我从书架上抽出来，还没来得及看看是什么内容，大开本硬皮封面纯白底色上画着的一个卡通小女孩和一个机器人的形象立刻引起了小姑娘的注意——"我要借这本。"

回到家，我们一起看这本《艾拉——星星工程师》。故事的主角是这个名叫艾拉的女孩，她突发奇想试图计算宇宙中星星的数量，于是带着她的机器人迪迪来到创新中心寻求帮助。在这里艾拉遇到了三位工程师。克莉帕告诉她，任何一个复杂的问题都可以分解为许多小问题然后逐一解决，面对数星星这样的问题首先需要一个方案。有了方案之后，第二位工程师帕丽莎向艾拉解释了什么叫做算法，于是艾拉列出了数星星的步骤，完成了算法的设计。可是怎么才能让机器人明白这个算法呢？黛安教给艾拉怎样编程。艾拉兴高采烈地把她的代码输入机器人迪迪，可迪迪没算一会儿就死机了。艾拉垂头丧气地想要放弃，迪迪却在自己身前的屏幕上打出了一行字"不要放弃，不要退出"。受到鼓舞的艾拉带着迪迪来到设计和维修各种机器的工程中心，第四位工程师玛丽安挺身而出，给迪迪扩容增加了计算能力。终于，艾拉成功地让迪迪计算出了星星的数量，成为了一名"星星工程师"。

看完书，到了刷牙洗脸睡觉的时间，小姑娘赖着不肯去，我于是活学活用，跟她说："你来当机器人吧，我给你设置算法。"

"呵呵。"她很乐意。

"第一步，上楼。"我说。

小姑娘立马到楼梯上，笃笃笃地跑了上去。

"第二步，"我接着说："到洗手间。"

二话没有，立刻执行。

"第三步，拿杯子。"

这回人家不干了，伸出手，僵硬着手臂，手腕故意向下耷拉着，说："机器人的手是这样的，拿不起来杯子。"

虽说有点小插曲，这招还真管用，当上"机器人"的小姑娘这天晚上刷牙进行得无比顺利。不过好景不长，机器人第二天就不干了。

"快来当机器人，我给你发命令。"我按着第一天的套路如法炮制。

"不要。"她说。

不要归不要，这本书倒是成了小姑娘的新宠，一连几天看了好多遍。除了机器人这个环节，书中色彩鲜艳的绘画也很惹眼，但最重要的是，艾拉和她遇到的四位工程师全是女性，单凭"都是女孩"这一点就足够让小姑娘感兴趣了。平心而论，我和她妈妈都尽量避免把性别刻板印象带到跟小姑娘的谈话中。我们跟小姑娘之间经常会有下面这样的对话。

"妈妈，有女孩当消防员吗？"

"有啊。"她妈妈回答。

"男孩女孩都可以吗？"

"都可以。"

或是这样的。

"爸爸，马克说男孩比女孩壮。"

我反问她："你觉得是吗？"

"不是。"

我又问："马克比你跑得快吗？"

"是。"

"可是他年纪比你大。你要再大一些，你也可以跑得比他快。"

"要练习吗？"她问。

"是啊，什么事情都是要练习才会的。"我说："你练体操，你会下腰，马克会吗？"

"不会。"

"所以啊，不是男孩比女孩强，是练习就会比不练强。"

所幸到目前为止，小姑娘从来没有提出过"男孩才能当科学家"或是"男孩才能当工程师"之类的问题。《艾拉——星星工程师》这本书的作者 *Komal Singh* 却遇到过这样的问题。因为有一个工程师父亲，*Komal* 从小就对科技感兴趣，长大以后成了谷歌加拿大研发中心的一名工程师。可是她四岁的女儿却不这么看，反而理所当然地认为"工程师都是男孩"。正是这句话激发了这位白天写程序晚上给女儿讲故事的工程师妈妈的创作欲望，写出了这本故事书，告诉她的女儿当一名工程师或是计算机科学家是个什么样子。最让人感动的是书中出现的四位女工程师都实有其人，她们都在谷歌工作，或身居要职，或独当一面。书的最后，四位女工程师露出真容，有真名实姓，有照片，有简历，还有她们成长为工程师的经历和她们每个人给孩子们探索科技的建议。

这本生动有趣的计算机科普故事书在 2018 年出版后不久，一位热爱写作的 10 岁小姑娘来到谷歌加拿大研发中心采访了作者 *Komal*。*Komal* 告诉小记者，作为女孩，"我们听公主的故事，但我们也想听那些发明新东西的女性的故事。"

夏之蝉蜕 秋之鸣蝉

　　小姑娘喜欢看书，但她喜欢看哪些书她自有主张，大人很难施加影响，能做的不过是尽量把我们想让她看的书提供给她，但看不看还得她自己说了算。

　　各类公主故事的绘本自然是她的最爱。四岁左右，幼儿园教了拼读的基本方法，简单的字自己慢慢能够读出来了，于是我们就有了以这类公主绘本为基础的识字拼读书。虽说这些书对她练习自己阅读起到了不小的作用，我却总觉得应该扩大她的阅读范围，尤其是增加一些自然科学方面的内容，于是开始有意识地到图书馆去找儿童科学读物。

　　前阵子借过的一本是讲虫子的，色彩明快，印刷精美，很快就引起了小姑娘的兴趣。别小看了一本绘本，口气可是不小，题目叫做《关于虫子你所需要知道的一切》。内容倒也丰富，从昆虫和节肢动物的区别到昆虫一生中形态的演变，从身边常见的蜘蛛、蚊子到热带丛林里那些漂亮的毒物，应有尽有，不枉了这个题目。

　　这天我们一起看这本书，翻到昆虫脱壳这一页，一组照片清晰地展示出一只昆虫一夜之间脱壳而出的过程。对五岁的小朋友来说，照片显然还不够直观，她似乎不太能理解。我就跟她讲解："这就跟蛇蜕皮一样。"

　　"长大了就会蜕皮吗？"她问我。

　　"是的。"

　　"我们也要蜕皮吗？"

　　"人不会的。"我说："对了，我们家院子里应该能找到知了蜕下来的壳，我们去找一个来看看就知道了。"

　　这比书上的彩图更能吸引小姑娘。我们立马到院子里绕着几棵大松树找了起来。

　　"我可以帮你找吗？"小姑娘显然很有兴趣。

　　"我们一起找吧。你认识吗？"

　　"不认识。"她说。

　　"没关系，等下找一个看看就认识了。"

　　"找到了吗？"

　　"别着急，肯定有的，"我说："我以前见过。"

　　……

　　"找到了，"正说着，我看到一个蝉蜕："这里有一个，在树上，你往上面高的地方看。"

　　"在哪里？我找不到。"

　　"顺着我的手指看。"

　　"看见了。你可以把它拿下来吗？"她高兴地问。

　　"这个太高了，我够不着。"我说。

　　"可是我想要。"

　　"再找找。…… 快来看，这里有一个。"我又找到一个。

　　"我看到了，透明的。"

　　这只蝉蜕在树干上离地不过一两尺的地方，伸手就取了下来。小姑娘在我手里看了看，十分谨慎地摸了摸，眼睛里放着光。

　　蝉蜕在游戏室的桌子上放了好一阵，小姑娘时不时地过去看看，仍旧对蝉能够从那么小的一个豁口中把整个身子脱出来感到好奇。

　　这事过后没多久，我们又意外地在地上而不是树上看到一只活着的蝉。夏末秋初，天气还好，小姑娘总想着骑自行车去上学。这天下午我有些时间，就带着她骑车从学校回家。一个大上坡，小姑娘使劲蹬了几脚，终于爬不上去，下车站在路边休息。

　　"爸爸，我要喝水。"

　　"给你。"

突然，我发现就在我们休息的地方，街边的人行道上居然趴着一只知了。我叫她："你快看。"

"什么？"

"这就是知了呀。"我说："我们上次还从树上找到蝉蜕的。"

"这是我们找到那只吗？"

"那我哪知道。"

"我猜是的。"她说。

"奇怪，它怎么会在地上。"

她也笑了："呵呵，一个蝉在地上。"

我们看了一阵，决定把它送到草地上，免得在路上被人误踩。其实就算没人踩，这蝉也显得不大有精神了。这季节虽然还常有阵阵蝉鸣从树上传来，不过秋之将至，蝉的日子也快到头了吧。

天渐渐凉了下来，我们也快把蝉蜕连同路遇秋蝉的事情忘得差不多了，没想到蝉又在另一本书里跟我们见面了。

这是一套由中国科学院地理资源所研究人员编撰的科普绘本《这就是二十四节气》，分为春夏秋冬四本。对于每个节气的介绍包括传说故事、历史由来、农事活动、这段时间的民俗节日、古诗谚语、天文、物候、动植物活动等几个板块，兼顾科学与人文，很有意思。从年初买来这套书，小姑娘却一直不大喜欢，《春》《夏》两册都没怎么看过。没想到，最近她自己又对这书产生了兴趣，抱着《秋》要我们给她念。

"秋天的第一个节气是立秋。"我照书念给她听"'立秋三候 一候，凉风至；二候，白露降……' 你知道什么是露水吗？"

"不知道。"她说。

"有时候早上起来草地上有些湿，那就是露水。"

"为什么？"

"因为白天比较热，晚上冷了，空气里面的水就会在草或者其它东西上面结起来。"

她指着书上一副星空图问："这是什么？"

　　"这是银河，这是牛郎星、织女星。银河就是 *milky way*，有时候晚上我们能看见的。"

　　"就像我们上次去度假的地方吗？"她又问。

　　"是的。我们家其实也能看见，但是城里灯光太多了，看不清。"

　　她又在书中发现了新大陆："蝉！"

　　"是的，"我说："这里有'立秋三候，第三候，寒蝉鸣'，就是我们看到的蝉。"

　　"它们会叫吗？"

　　"会啊。这里有：'秋天到了，秋蝉卖力地鸣叫……'"

三岁宝宝的双语唐诗

"出去出去，你是一个*bad guy*，我有满弓刀"。三岁的女儿嘴里一边嘟囔，一边操起一根捆电线用的橡皮软绳捋直了当成"满弓刀"拿来吓唬我。小姑娘脑子里塞满了各种故事情节，随时随地进入角色，上一秒还好好的，下一秒就入戏了，中间完全没有过渡，做父母的切换速度有点跟不上。虽然我知道她这是在演戏，但"满弓刀"是个什么东东？

"大雪满弓刀"。她妈妈在旁边搭腔，我才明白过来。"她前两天放学回家的时候在车上突然念起这句诗。"她妈妈补充道。

月黑雁飞高

单于夜遁逃

欲将轻骑逐

大雪满弓刀

这首边塞诗我倒是给她念过几次，每次都是她自己从一本彩图少儿版的《唐诗三百首》里面照着图画挑出来让我念的。这诗内容远非一个三岁小孩能够理解，所以我从来没教她背，没想到她居然能记得一句。每次念完那些她无法理解的诗，她似乎都沉浸在语音韵律的美感中，然后讪笑着问一句什么意思。唯独这首诗，她从来不问我诗句的含义，每次的问题都是"满弓刀是什么刀？"解释了很多次，不过看样子小姑娘还是认为"满弓刀"是一把很厉害的刀。

1.最初的那些诗

念诗，几乎是从女儿一生下来就开始的。还在月子里，一边哄她睡觉，一边我嘴里就念些什么。也算是自娱自乐吧，抱着她瞎哼哼的时候，随口翻译了两首唐诗。

春眠不觉晓

处处闻啼鸟

夜来风雨声

花落知多少

What a morning in spring

Wake up hearing birds whispering

All the winds and rain over night

How many flowers have fallen?

床前明月光

疑是地上霜

举头望明月

低头思故乡

Moonlight at bedside

Like fog on the ground

My head up, the moon's bright

My head down, where is my hometown?

说实话，为什么要这么做，我其实并不清楚，可能只是不知不觉间希望与她分享我所感知的文字之美吧。

2.后来她会背诗了

虽然我们在家里保持一个几乎全中文的小环境，但女儿毕竟生长在一个英文的大环境中。她最早会唱的儿歌都是在社区的早教中心学会的英文歌，家里教她的那些中文儿歌始终不如在早教中心跟着老师和小朋友一起学的印象深刻。所以，我对她的中文能力是有一些担忧的。

从小教她唐诗，倒并不是指望她能背得多少，只是希望这些优美的语言能激发她对中文的兴趣。从会说话开始，我们就陆续教她背一些诗。她最早学会的是"鹅鹅鹅"，"锄禾日当午"，还有"红豆生南国"。

我到现在也不明白女儿为什么对某些诗特别感兴趣，而对另外一些则有一定的排斥。比如"慈母手中线，游子身上衣"，不论是缝衣服还是离家远行，都是远远超出她的生活经验的，但在某段时间内，这是她最喜欢的诗，也是她最早会念的诗之一。而从小我就给她念的"春眠不觉晓"，鸟语花香、画面感十足又贴近生活，她却始终不感兴趣。

3.而且还能举一反三

小姑娘凡事都喜欢在脑子里过上几遍，从小就这样。李白的《夜宿山寺》是她最喜欢的诗之一，围绕这首诗，我们有过许多有趣的对话。

我给她讲解："'危楼高百尺'——'危楼'就是很高很高的楼，高得快要碰到天了。'手可摘星辰'，伸手好像就可以碰到天上的星星。"

她按照自己的理解加以演绎："星星就是'*twinkle twinkle little star*'。"

"说对了。"我说："'不敢高声语，恐惊天上人'，不敢大声说话，怕吓到天上住的人。"

"为什么不敢大声说话*?*"小姑娘问。

"因为楼很高，天上住的有人，声音太大，会吵到天上的人。"

"天上的星星要睡觉了。"她说。

有一次夏天出去玩儿，树林里有一座很高的嘹望塔。小姑娘见了特别激动，说这就是"危楼高百尺"，然后拉着我的手蹬蹬一路小跑就上去了。

后来给她念贾岛的《寻隐者不遇》，没想到她把对"危楼高百尺"的理解又移植了过来。

我念："'只在此山中，云深不知处。'就在这座山里面，在很高的山上有很多云的地方。"

小姑娘歪着脑袋想了想，然后说："这是另外一种危楼高百尺。"

4.Let it go的诗

英文世界对她的影响显然是巨大的。迪士尼近年最成功的电影当推《冰雪奇缘》（*Frozen*），其主题曲 *Let it go* 更是在各年龄段的小朋友中红极一时。我家小姑娘在看电影之前就已经对这歌爱不释口了，每天都得哼上几遍。好几次问她想让我给她念什么诗，答案都是"*Let it go* 的诗"。

我没本事找到一首符合 *Let it go* 意境的唐诗，不过小姑娘的这个要求倒是让我重新审视唐诗以及我们给小朋友教唐诗的方法。 我的出发点有两个，一是让她接受美的熏陶，二是让她保持对中文的兴趣。如果是这样，那么诗歌的选择和讲解诗歌的方法则必须要关联到她能够触及的生活经验。

比如她喜欢长发公主，老是幻想着一头长发，念诗的时候也要我给她念长发公主的诗。

我说："没有长发公主的诗，有一首长发老爷爷的诗你要听吗？"

"好呀好呀，我要长发老爷爷的诗。"她笑了。

我于是念：

> 白发三千丈
>
> 缘愁似个长
>
> 不知明镜里
>
> 何处得秋霜

更合适的当然是真正贴近生活的那些诗歌。白居易的《池上》就是一首充满童趣的小诗：

> 小娃撑小艇
>
> 偷采白莲回
>
> 不解藏踪迹
>
> 浮萍一道开

夏天我们常去的一个公园，坐落在一个不大不小的湖边上，湖里常有人划船。我买了一艘小船两副船桨，小姑娘自己坐在船中间，我和她妈妈划船。

这是"小娃坐小艇"，离"撑"还有点远，不过这是切切实实的生活体验了。下一步，我得换个地方划船。多伦多没有荷花，但不难找到一个有睡莲的地方。我们当然不会"偷采白莲"，但是可以体验一下"浮萍一道开"是什么景象。

一去二三里

慢慢地，我家小姑娘也认识几个字了。英文比较容易，拼音文字，先会说再会写。二十六个字母会了以后，老师就教他们拼写三个字母组成的单词，比如 *bat, map*。会拼就会念，只要念出声来，小孩自然就知道单词的意思。

掌握了简单的拼读规则，就可以自己读书了。鲍勃书 *(Bob Books)* 是一套有名的低幼识字读物，每本书只有十来页，每页一句话，不过三五个单词。入门级的鲍勃书从头到尾所用全部是三个字母的单词，四岁左右的小孩就可以自己阅读了。比起从小给他们念的绘本，这些书的故事情节显得过于简单，但自己读完一本书的成就感无与伦比。这种成就感能够培养起孩子阅读的兴趣，而兴趣就是最好的老师。

相对于英文的"所见即所得"，中文比较困难一些 。如果认识四五十个汉字的小朋友可以自己阅读一些简单的故事，无疑会对培养他们的阅读兴趣养成爱读书的习惯产生很大的作用。传统中文启蒙读物，《三字经》《百家姓》一类，重在诵读记忆。虽然《三字经》后半部分是历史故事，但主旨是强调记忆历史事件，没有多少趣味性，按照今天的标准来看，无论如何也称不上是儿童文学。

除了"狼外婆"一类口头流传的民间故事，一说起古代中文儿童文学，我首先想到的是一首小诗，既教识字又教数数，语言浅白，意境优美。这首诗里的二十个字，大部分小姑娘都认识，于是我写在黑板上教她念。

我："你来看看这个你会念吗？"

她："一——云——二三——这是什么字？"

我："里，这个字念'里'。你来看前面这个字，是不是比'云'多了一竖？

这个字是'去'。'一去二三里'。"

"这个呢？"她又问。

"对，这两个字你也不认识。烟村——"

"四五——"她抢过去。

"家。烟村四五家。亭台——"

"六——七——"

"座。"我接着念。

"八——这个是几？"

"八后面是几呀？"我问她。

"九！八——九——十——"

"枝——"

"花！"

"对，"我说："很棒，'花'你也认识。"

诗歌是美好的，但毕竟不如故事更能吸引小孩。看似简单的儿童读本，其实得来不易。除了鲍勃书，另一套著名的读本是苏斯博士 *(Dr Seuss)* 系列。"苏斯博士"是一个笔名，这位曾在牛津大学攻读英国文学学位的作家第一份工作是广告创意。写儿童故事最初只是他的业余爱好，因为他的广告合同不允许他从事文学和卡通创作，只有儿童读物是例外。这个例外却成就了他终身最重要的事业。在长达 60 多年的创作生涯中，苏斯博士出版了 60 多本儿童书籍，累计销售超过 6 亿册，被翻译成 20 多种语言，为世界各国几代儿童所热爱。

2000 年，《出版人周刊》*(Publishers Weekly)* 选出一份史上最畅销儿童书籍名单，榜上前 100 本书里面有 16 本是苏斯博士写的，包括排名第四的《绿鸡蛋和火腿》*(Green Eggs and Ham)* 和排名第九的《帽子里的猫》*(The Cat In the Hat)*。

苏斯博士的故事书之所以成为儿童文学经典，关键还在于他驾驭语言的高超能力。1954 年《生活》*(Life)* 杂志刊出一篇文章，指出美国儿童阅读能力不足，并将其归因于儿童读物太过无趣，不能激发孩子的兴趣。一家教育出版社挑出了 348 个他们认为一年级小学生应该掌握的英文单词，找到苏斯博士，希望他把这个单词表缩减到 250 个词并用这 250 个词写一本"让孩子们拿起来就不舍得放下"的故事书。苏斯博士耗费了 9 个月时间终于交出了满意的答卷——这就是《帽子里的猫》。从 1957 到 2007，50 年间这本用 236 个单词写成的小书印行了超过一千万册。

更重要的是，这本书的巨大成功为美国的图书出版市场开创了一个全新的门类，即"入门读物"(*Beginner Books*)：用极少的词汇量写成的，可以让 3 到 9 岁初学识字的儿童自己阅读的书。

相对而言，中文童书市场上还很少看到这样的作品。最近我家买了一套《四五快读》，算是这方面的一个努力。这套书就是用四五十个字写一个故事，让孩子们可以从易到难逐步培养阅读习惯。这样的教材非常有益，不过毋庸讳言，这些故事的水平离"让孩子们拿起来就不舍得放下"这个标准还有很大的差距。

真希望中文世界也出现一批苏斯博士这样的儿童文学作家。

读西游

一

"唐僧骑马咚那个咚，后面跟着个孙悟空，孙悟空跑得快，后面跟着个猪八戒，猪八戒鼻子长，后面跟着个沙和尚……"这是我小时候念过的童谣。从各地各种版本的童谣到戏曲、皮影、连环画，到 1960 年代的《大闹天宫》经典动画片、1980 年代的电视剧、1990 年代的《大话西游》系列电影，再到后来层出不穷的卡通，千百年来中国的孩子和大人生活中从来不缺唐僧师徒的身影。自然而然地，我也以为我家小姑娘对西游人物会有天生的亲切感。可惜，孙悟空对她的影响远远不及迪斯尼的公主们，就连《西游记》的电视她也不愿意看。

好在时间会改变一切。一个偶然的机会，五岁的小姑娘在美术班的书架上看到一册《西游记》的绘本，对里面袒胸叠肚的猪八戒产生了浓厚的兴趣。趁热打铁，我们就从国内给她网购了一套少儿版绘本。一拿到小姑娘就爱不释手，恨不能一口气看完。一边看，一边问题就来了。"孙悟空有爸爸妈妈吗？"她问我。

"没有，孙悟空是从石头里蹦出来的。"

"那他有哥哥吗？"

"没有，他没有兄弟姐妹。"

"那他有朋友吗？"

"你觉得呢？"我反问。

"那些小猴子是他的朋友。"

过了一会儿，她又问："爸爸，这个是二郎神变的吗？"

"我看看。"

我还没看见呢，她先自己回答了："是的，你看他有三只眼睛。"

"是不是很奇怪？"

"*So weird*。"（真奇怪）

问题又来了："爸爸，孙悟空刚生下来的时候不穿衣服吗？"

"是的，一开始他没有衣服。"

"你看他穿裙子。"

"是的，他后来有一条虎皮群，是唐僧给他做的。"

"他是男孩，为什么可以穿裙子？*So weird*。"

这天看完一个西游记故事，我们去附近的室外游泳池玩水。游泳池里有一个蘑菇形的装置，水从蘑菇的伞盖顶上流下来形成一个水帘洞。

"走，我们钻进水帘洞里去。"我跟她说。

"你先进去。"她说。

"我进去你也要进去。"

她同意了："我也钻水帘洞。"

"耶——"我叫道："我们钻进水帘洞了，我们也可以当猴王。"

"我们是孙悟空。"

又玩了一会儿，我们再次进到"水帘洞"里。小姑娘抱着"蘑菇"下面的柱子。

我说："这个像孙悟空的金箍棒。你知道金箍棒是怎么来的吗？"

"不知道。"

"金箍棒原来是在水里的。"我告诉她。

"为什么？"

"是龙宫里的定海神针，被孙悟空拿来当兵器了，可以变大变小。"

"龙王是孙悟空的朋友吗？"她问。

"原来不是，大闹天宫的时候那些神仙都不是他的朋友。"

"二郎神是他的朋友吗？"

"开始的时候不是。后来他们就成了朋友了，孙悟空去西天取经的时候他们都去帮他。"

"为什么？"

我说："有些人就是这样的啊，一开始不是朋友，可能还会打架，后来就成了朋友了。"

她好像明白了："就像马克，还有山米，还有……"小姑娘说了一串她班上的男孩的名字。

"现在你们是朋友了吗？"我问。

"是。"

二

西游记里面有神佛，有凡人，有下界的动物修炼成精，还有上界的灵兽下凡作怪。这样庞杂的宇宙体系和人物关系，我已经不记得我小时候是怎么理解的了。我家五岁的小姑娘不管看任何绘本故事都一定要把情节和人物反复掰开揉碎，纳入她自己的逻辑体系中加以理解。对于西游记，她删繁就简，把一切跟人有关系的动物都称为宠物。

"白龙马 *is* 唐僧的 *pet*。"她宣称。（白龙马是唐僧的宠物）

"白龙马是唐僧的坐骑，他会驮着唐僧走。"我说。

"他是最小的。"

"是的。"

"他也是龙。"她还真明白。

不但唐僧有宠物，牛魔王也有。

"这个是什么？"她指着书上的图问我。

"这是牛魔王骑的避水金睛兽。"我说。

"什么？"

"你看他的眼睛是金色的，所以叫金睛兽。它到水里去水会分开。"

"*I know it's like a wall.*"她说。（我知道，就像一堵墙。）

"牛魔王就骑着它。"

"他是牛魔王的 *pet* 吗？"

"好吧，也可以算是 *pet*。"我找不到合适的词解释"坐骑"，只好承认那是 *pet*。

通天河观音菩萨用竹篮收了从她的莲花池逃出来的金鱼。小姑娘指着绘本的这一页大惑不解，问道："这是谁？"

"这是观音菩萨来收这个妖怪。"我说。

"这是鱼。"

"这条鱼是从观音菩萨的莲花池里逃出来的，它是观音菩萨的 *pet*。"

我也被她带偏了。

除了宠物这个"独家专利"之外，小姑娘对《西游记》还有一些跟所有小朋友一样的问题，有的问题甚至我小时候也有过。

她会问："为什么孙悟空每次都不走路？"

"他也走路啊，但是有时候他会飞在前面探路。"

"猪八戒和沙和尚都走，孙悟空调皮，不好好走路。"她有自己的看法。

我无言以对。

她又问："猪八戒和沙和尚会飞吗？"

"会呀。"

"他们会打妖怪吗？"

"会呀，他们没有孙悟空那么厉害，但是也会飞会打妖怪。"

"唐僧会飞吗？"

"唐僧不会，所以他只能骑马。"

她立刻纠正："白龙马也会飞，它变成龙就可以。"

"是的。"我说。

"但是唐僧是老师。*How come the teacher doesn't know anything?*"小姑娘想不明白。（为什么老师什么都不会？）

我只好说："他会教他们念经。"

不会飞不会打妖怪的唐僧显然不怎么招我家小姑娘喜欢。不过她最喜欢的也不是降妖除怪的孙悟空，而是大肚子的猪八戒。

我问她："西游记里面你最喜欢谁？"

"猪八戒，呵呵呵。"她笑道。

"你喜欢他什么？"

"他的肚子，*puffy*。"（鼓鼓的）

过了一会儿，她又问："为什么沙和尚老是不说话？"

"沙和尚话是比较少。"我说："每个人性格都不一样，有些人爱说话，有些人不爱说话。我们家谁话少？"

"你。"

"那谁话最多？"我问她。

爱说话的小姑娘不吭声了。

三

小姑娘不论看绘本还是听故事，一以贯之的模式是"查户口"加"察风纪"。"查户口"者，理清人物关系，非把主人公的爸爸妈妈爷爷奶奶兄弟姐妹姓甚名谁家住哪里搞得一清二楚不可。如果故事里没有涉及这些人物，她一定要脑补一个"我猜她爸爸上班去了"之类。"察风纪"则是特别关注人物的衣着配饰，大到服装的颜色小到耳环的形状，无一处细节不了然于心。遇到《西游记》里面红孩儿和哪吒这两个造型相似的人物，小姑娘很是花了几天功夫去仔细分辨。

"这个是哪吒还是红孩儿？"她问我。

"这个是哪吒。"

"他是男孩儿还是女孩儿？"这就开始查户口了。

"男孩儿。"我说。

"*But she looks like a girl*。她穿裙子。"（但是她看着像个女孩儿）

"古时候的人很多都那么穿。"

"可是她衣服上还有花。"她又提出了第二条证据。

"因为哪吒是荷花变的。"

"你说什么？"

"哪吒小时候就死了，然后他的师傅用一朵荷花又把他复活了，他的手和脚是藕变的，他的衣服是荷花的花瓣变的。"

"他一直都不换衣服吗？"

貌似搞清楚了哪吒，可一回头又跟红孩儿混淆了。

"这个是哪吒还是红孩儿？"

"这个是红孩儿。"我说。

"可是他们都有红缨枪。"

"是的，红孩儿的那个枪是用来放火的。"

"他们都有这个项链。"

"那不是项链。"我说："红孩儿那个是个长命锁，哪吒的是乾坤圈，是他的兵器。"

"他们都有一样的辫子。"她说。

"是的，不过哪吒有头发红孩儿没头发。"

"*No*，"小姑娘不同意我的说法，争辩道："红孩儿有头发，是那两个辫子。"

"是的，但是他头顶上是光的，是吧？"

"*So weird*。"（真奇怪）

一面分辨发型，一面还不忘了"查户口"。

"哪吒的爸爸是谁？"她问。

"就是托塔天王，你看这里有，他手上托着一个塔。"

"他打得过孙悟空吗？"

"打不过。他和哪吒还有二郎神一起跟孙悟空打。"

"二郎神，我知道，有三只眼睛。"她说。

"是的。"

她继续查户口："哪吒有哥哥吗？"

"有。他有两个哥哥。"

"在哪儿？"

"他们都有自己的师傅，不跟哪吒住在一起。"我说。

"哪吒的师傅是谁？"

"他的师傅叫太乙真人。"

"那他哥哥的师傅呢？"

"他两个哥哥各人有各人的师傅，平时他们都跟师傅在一起。"

"可是他们在哪儿？"

我只好说："他的哥哥不是主角，没画出来。"

"他妈妈会打仗吗？"问完了哥哥，小姑娘又问妈妈。

"不会。"我说。

最近破了票房纪录的动画片《哪吒之魔童出世》为哪吒的妈妈增添了不少戏份，把她塑造成了一个跟李靖一起镇守陈塘关的女侠。不过除了殷夫人这个名号之外，《封神演义》和《西游记》都很少提到她的事迹。小姑娘对此耿耿于怀，一有机会还是要问一下哪吒的妈妈，不亚于对哪吒衣服颜色的关心。

这天又问起哪吒的衣着问题，我索性掏出手机，找到一个京剧《大闹天宫》的视频，毕竟一切动画绘本都没有舞台来得直接生动。

"看到了吗？哪吒的衣服都是荷花花瓣的样子。"我说。

"荷花是什么？"

"上次我们回中国的时候看到过的呀。记得吗？"

"不记得了。"她说。

"加拿大没有荷花，下次回国再给你看吧。"

她一下子看到孙悟空舞着金箍棒："哈，孙悟空。"

"他在舞他的金箍棒。"我告诉她。

"可是孙悟空的金箍棒不是这个颜色的。"台上这个孙悟空使的金箍棒跟小姑娘绘本里的不同。绘本跟老版的动画片一样，把金箍棒画成了中间红色两头金色，而戏曲舞台上很少见到这样的金箍棒，通常是遍体金属色，或是像我们看到的视频里面，一截金色一截红色交叉出现，小姑娘故而有此一问。

戏里面李天王正带领天兵天将去捉拿孙悟空。

"你看，这里面有哪吒的哥哥。"我说。

"哪一个？"

"这是他的两个哥哥，金吒木吒。"我指着屏幕告诉她。

"哦。他妈妈呢？"

"这里面没有他妈妈。他们是去打仗。"

"他们去打孙悟空吗？"

"是的。"

"为什么哪吒去打孙悟空后来他又去帮孙悟空打架？"

"这是大闹天宫，哪吒他们是去抓孙悟空。后来孙悟空保唐僧去取经的时候哪吒就去帮他打妖怪了。"

"哪吒为什么没有踩着脚上的那个圆的东西？"小姑娘观察仔细，一问到底。

"那是哪吒的风火轮。"我说。

"为什么这个哪吒没有风火轮？"

"这是在舞台上演戏，脚底下踩两个圆圈怎么踩得住？"

一听此言，小姑娘来了精神，自己翻出一大堆行头披挂在身上。一件小背心算是绘本里面哪吒的肚兜，虽不是红色也将就了。跳舞的小纱裙就算是哪吒的粉红荷花裙，一个呼啦圈斜挎在肩上当作乾坤圈。手上也不能空着，以前在舞蹈课上老师给过丝带作道具，回家就让我找一根小棍绑上一截彩带，所以这倒是现成的，现在拿出来算是火尖枪和浑天绫二合一了。最最重要的风火轮当然也不能忘，刚刚指责了戏台上的哪吒不踩风火轮，我们自己当然不能那么不敬业。还真让她找着了，这是两个充气玩具，原本是一组套圈游戏里面的圈，现在拿来套在脚上当作风火轮倒也物尽其用。活脱脱一个如假包换的盗版女哪吒。

穿着睡衣去上学

多伦多地区的学校这周放春假，正式的名称叫 *March Break*（三月假）。学校关门，小孩子又不能自己在家待着，就得找事情做。要么家长请假在家带孩子，要么就得把孩子放在什么课外班。我家小姑娘的学校按照幼儿园的时间作息，春假期间并不关门，让做父母的省了不少事情。不过，学校正常的课程在这一周里全部中断，一周五天，每天一个主题，老师带着孩子们不重样地玩耍。

星期一的主题是"疯狂的头发"（*crazy hair*）。整个周末，小姑娘都在盘算她要顶着个什么发型去上学。

"妈妈，别忘了星期一给我做一个 *crazy hair*。"

"你想要怎么 *crazy* 啊？"她妈妈问她。

"我也不知道。"

"那我们来找一些图看看吧。"妈妈说。

她们俩一起看手机上搜索出来的图片。小姑娘突然叫起来："啊，这个头发全都竖在头上。"

她妈妈立刻否定："算了吧，这个这么复杂，早上起来哪来得及？"

"可以晚上弄好。"她说。

"那你睡一觉起来不就不成型了。"妈妈说。

最后决定，发型就别弄太复杂了，可以带一个夸张些的头花。刚巧上次一个亲戚送给她一个很漂亮的头花，还带着长长的穗带，平时也没机会用，小姑娘已经念叨了好几次，就它吧。

星期二仍然在穿着上做文章，可以是公主或超级英雄图案的 *T* 恤。小姑娘又念叨开了："可是我没有 *princess T shirt*。只有一件米老鼠的裙子，可她不是 *princess*。"

"怎么没有？"我说："那件粉色的，上面有个女孩的那件。"

她不同意："那个女孩也不是 *princess*。"

"你不是还有 *Elsa* 的吗？"（《冰雪奇缘》里的公主）

"那是 *costume*，不是 *T* 恤。" *costume* 舞台表演或是穿着奇装异服参加化妆派对的那种服装。

翻来覆去犹豫了好久，最后决定穿那件 *costume*。在学校摸爬滚打一整天，放学的时候那直拖到地的长裙居然没弄脏，也是奇迹。

我问她："还有别人也穿了 *princess* 衣服吗？"

"*Evegana* 也穿了。"

"她穿的是什么？"

"*Snow White*。"（白雪公主）

"是 *T* 恤吗？"我问。

"不是，也是 *costume*。"

老师经验丰富，估计知道连搞两天穿戴主题父母们快要崩溃了，星期三星期四终于放家长一马，正常着装就行了。星期三的主题是科学实验，星期四是烘培。

我问她："你们今天烤了什么吃呀？"

"香蕉蛋糕。"她说。

"好吃吗？"

"好吃。"

"上午还是下午做的？"

"上午，然后老师拿去烤了。"

"那你们什么时候吃的？"

"下午吃点心的时候。"

我又问："昨天你们做了什么 *experiment*？"（实验）

"*solid and liquid*。"

她妈妈听见了，告诉她："哦，中文叫固体和液体。那你现在知道什么是 *liquid* 吗？"

"*Something that flows.*"她回答。（可以流动的东西）

"还有呢？"妈妈又问。

"*Something that changes its shape*。"（形状可以改变的东西）

"你厉害啊！"我夸她。

不知道是不是为了补偿星期一星期二对家长的折腾，星期五的主题是睡衣派对，早上起床直接拧到学校，衣服都不用换。活动嘛，是吃着爆米花看电影。

开心的一周很快就过去了。其实，在历史上，加拿大中小学的春假并不是一直都这么轻松愉快的。在传统社会中，农业生产占据着重要的地位。我小的时候在城市长大，一年只有寒暑两个假期，而那时候某些农村的孩子还在春耕或秋收的季节有农忙假，回家帮助家长劳动。加拿大也是一样。直到 1970 甚至 1980 年代，爱德华王子岛和新不仑瑞克两个省的学校还会在土豆丰收的季节放假，而一大半泡在大西洋里的新斯科舍省则在龙虾捕捞季放假。安大略和魁北克是枫树糖浆的重要产地。三月，天气变暖，枫树体内开始分泌糖分极高的汁液，由树干流向树枝，为新树叶的孕育和生长提供能量。这时候，人们会像割橡胶一样在树干上开一个小口，把汁液引流到桶里，再把这些液体加热，蒸发掉多余的水分，浓缩 40 倍以上，成为枫树糖，供应全家一年食用。制作的过程需要不断烧火、搅拌，是一件很费力的工作，孩子自然也得离开学校回家帮忙。

进入 20 世纪以后，由于技术的进步，农业生产需要孩子帮手的地方越来越少。不过，春假又有了新的由头。中国的学校围绕春节的时间来安排寒假，每年的两个学期时间大致差不多，都是四五个月。而在北美，最重要的节日是圣诞节，寒假一般从圣诞节前一周开始到新年结束。因此每年的秋季学期从 9 月到 12 月中，只有三个多月，而春季学期则从 1 月初到 6 月底，将近六个月的时间。三月恰好是漫长的春季学期的一半，又赶上气温回暖，人心思动，所谓"春来不是读书天"。1930 年代开始，美国的大学纷纷在这时候放春假，冠冕堂皇的理由是在学期进行到一半的时候把课程停下来，让教授和学生都缓一缓，学生可以在这个时候把欠下的功课补回来。这个做法很快从美国传到了加拿大和欧洲各国。直到现在，加拿大的大学还把春假叫做"*Reading Week*"（读书周），在正式名称中部分地保留了它的起源。

大学生放假，中小学不放显然说不过去，于是春假就成了所有学校的传统。既然放假，就得有别于平时，所以外出旅游也是许多家庭的选择。整个北美的旅游业，春假是圣诞节、感恩节和暑假之外的另一个重要销售旺季，而整个社会的运转也会在这一周缓慢下来。因此，即使今天没有孩子需要帮父母做工，春假也已经无法取消了。

蒙特梭利这一年

一转眼又是七月了。对于学生来说，这意味着暑假。对于家长来说，这意味着得有人看孩子。我们小的时候，不论寒暑假，胸前挂一把钥匙，自己当家。但现在的孩子可不能这样了。加拿大更是如此，小孩子必须有大人的看护，这是法律规定，要把孩子自己一个人扔家里，那就等着吃官司吧。于是乎，各种各样的夏令营就变得不可或缺。

我家小姑娘还没有进入到公立学校体系，但她目前就读的蒙特梭利幼儿园也是按照学校的日程来安排教学和假期。进入七月，正常的教学安排都停止了，选择留在幼儿园的小朋友也进入暑（疯）期（玩）模式。刚两天，我家小姑娘就意外地闹起了意见。这天她突然问我："爸爸，每个人小时候都要上学吗？"

"是啊。"我说。

"可是我不喜欢上学。"

我有点惊讶，问："你不是一直都喜欢学校吗？为什么不喜欢上学啊？"

"因为现在学校都不做功课。"她说。

"那是因为现在放暑假了，大家一起玩儿。"

"我喜欢做功课，不喜欢玩。"她又说。

"那好吧，明天我跟老师说说，让她给你一些功课。"

嘴里说不喜欢玩，可真玩起来我看她也从不甘人后。孩子说喜欢做功课，其实只是因为在学校做一会儿功课玩儿一会儿已经成为了一种行为习惯，生活规律的小朋友面对变化往往需要一个适应过程。既然说到习惯，小姑娘的这番话倒是让我想到了这一年蒙特梭利教育对她的影响。

　　显而易见，学习习惯的养成是最重要的影响之一。在这个年龄段，学习的内容或许并不那么重要，知道每天要静下来做一些"工作"，这本身就是一个很大的进步。要不是有老师的引导和幼儿园的环境，在家里要想养成这种习惯，不是不可能，但会很难。在幼儿园的集体生活中，小朋友有样学样，自然利于习惯的培养。除此之外，蒙特梭利教育方法也有其独到之处。这套由意大利教育家蒙特梭利在一百多年前创造的儿童早期教育理论时时处处把孩子放在教育活动的中心，所有教学活动都围绕学生而不是老师来组织。

　　单就学习习惯的培养而言，至少有两个方面特别体现出以学生为中心的优势。首先，跟传统教育不同，蒙特梭利学校中没有固定的课表，没有上下课时间。各种教学所需的材料按照主题分别放置在教室里不同的区域，孩子可以自主选择在每个时间段做什么功课，老师只给一些指导，但并不强求每个孩子一定要在某节课的时间学习某个科目。把自主权给了孩子，自然容易激发他们的兴趣。另一个非常重要的理念是把不同年龄段的孩子放在一起混班教学，年龄小的看着大孩子做功课也会效仿，而大孩子自然而然就会形成一种"帮助"小孩子的责任感。在这样的教室里，老师需要针对每个孩子的不同进度分派不同的学习内容，基本上是一对一的教学，比较辛苦，但每个孩子却因此可以按照自己的步伐前进而不必担心自己"拉后腿"。

　　这种在学习过程中形成的"自我意识"，也许比学到的"知识"更加重要。孩子的老师每个月会给家长写一封公开信，六月的信中老师特意针对那些已经升入一年级或因为其它原因下学期不再来这所学校的孩子写了几句话。

The children are so versatile and highly adaptable. They should teach the grown-ups a few things .（孩子们能干很多事而且有很高的适应性。 他们应该教给成年人几样东西。）

I wanted to share some facts about what comes "after the Montessori":（关于"离开蒙特梭利以后"会发生什么，我想分享几点事实）

- The habits and skills, which a child develops in a Montessori classroom, are good for a lifetime.（一个孩子在蒙特梭利教室里发展出来的习惯和技能将会使他受益终生）

- They will help him to work more efficiently, to observe more carefully, and to concentrate more effectively no matter where he goes. （不论他去哪里，这些习惯和技能都会帮助他工作更加有效率，观察更仔细，更加有效地集中注意力）

- They have learned working independently and in groups. （他们既学习了独立工作也学习了在团队中工作）

- Research has shown that the best predictor of future success is a sense of self-esteem. Montessori programs, based on self directed, non-competitive activities, help children developing good self images and the confidences to face challenges and changes with optimism. （研究已经表明是否具有"自尊"的意识是对一个人未来能否取得成功最好的预测。基于自我导向、非竞争性活动的蒙特梭利课程帮助孩子发展出良好的自我形象和乐观面对挑战与变化的信心。）

这话真说到了点子上，我家小姑娘的"自我意识"有时候真让人啼笑皆非。嚷嚷着暑期也要在学校里做功课，老师单独帮她安排了作业，每天问问她要做功课还是要跟别的小朋友一块儿玩，回答却每天都不同。

一天放学时我问她："今天你在学校做功课了吗？"

"没。今天我只玩了。"

"老师没给你做功课吗？"

"不是，给了，是我不要做。"她老实说。

"为什么呀？不是你想让老师给你做功课的吗？"

"可是今天我只想玩。"

用积木做除法

"一五一十，十五二十，二五一十，十五二十"。这个广为流传的笑话清楚地告诉我们"二五一十"这样的乘法口诀有多么深入骨髓。在中国世代相传的九九表，即使没念过书不识字的人，大多也都会背。在加拿大可不是这样，没有乘法口诀一说。

小姑娘五岁，在一所采用蒙特梭利教育法的幼儿园。蒙氏幼儿教育的指导思想之一就是动手，通过感性认识来学习各种概念，数学也不例外。记得我们小时候学习加减法也是从实物开始的，比如"你有两个苹果，妈妈又给你一个，现在你有几个"，或是"你本来有 5 分钱，花 3 分买了一根冰棍，还剩几分"。不过这种数苹果的方法，通常只停留在个位数，超过 10 就要开始学习进位。到熟练掌握加减法的进位借位之后，才开始学习乘法的概念，背"九九表"。小姑娘的学习却并不是按照这个顺序。在家里，她有时候会很兴奋的给我们念一些加法口诀："*four plus four makes eight，five plus five makes ten*。"

她妈妈问她："那 4+2 等于几？"

"我知道。"说完就开始掰手指头："*one two three four five six* ——六。"

这样的水平持续了很长时间。每每这时候，我和他妈妈就相视而笑。突然有一天，我接小姑娘放学的时候看到教室外面的展示栏上贴着他的课堂作业，居然是四位数的加法，让我很吃了一惊。正好这一周幼儿园开放参观，家长可以跟老师约一个时间到教室去听课。这一参观我就明白了。

蒙氏幼儿园采用混班教学，大班从三岁半到六岁都有，程度自然是千差万别，而老师的教学则是一对一。教室里，每个孩子占据一块地盘，用不同的教具做着不同的功课。一个班 20 多个孩子，一位主教老师和两位辅助老师，像走马灯似的挨个到每个孩子跟前，布置任务检查功课。

我们参观的时候，老师让我家小姑娘做的正是除法，而且是四位数的除法，8462/2。小姑娘领到作业，把纸往小凳子上一放，先去箱子里取出一块一米来长半米来宽的白色毯子铺在地毯上，然后走到柜子旁边，往一个盘子里装上大大小小的积木和珠子，小心翼翼地捧回到毯子边上。原来这些珠子和积木代表了不同的数字。每个零散的珠子表示1，而十个一串的珠串则代表一个十位数。百位数没法再用珠子了，于是在一块小木板上画上 100 个小圆点，每个圆点代表一个珠子，于是小木板就成了百位数。依此类推，一个立方体就是一个千位数。小姑娘得到的题目是 8462，于是她拿了 8 个立方体，4 个小木板，6 根珠串和 2 个散珠子。既然是除以 2，那就把这堆东西一分为二。分配完毕，做答案就成了数数。

这样的除法让我大开眼界，不过，好歹是让孩子了解了除法的概念。

我家小姑娘忙着搬积木的时候，比她大一岁的罗丝贝尔正趴在地上做"创意写作"练习。所谓"创意"就是随心所欲，想什么就写什么。这个年龄的孩子自然还不能长篇大论地写作，练习的目的是学会写一个完整的句子。她同样有一块白色的毯子，旁边放着一个小木箱，里面有 26 个字母的卡片。老师先引导罗丝贝尔把想要表达的事情变成一个句子念出来，然后让她自己从箱子里取出所需的卡片拼出一个个单词。既然是句子，单词与单词之间就需要有空格——一只手的距离，所以小姑娘在拼完一个单词之后把手放在卡片后面，新单词的卡片从手的右边开始。句子拼完了，老师检查确认正确，小朋友再拿笔把它誊写到纸上。

"语言"和"数学"是蒙氏教育五大板块中的两个。教室里另有区域供孩子们学习其它三个板块——"日常生活"、"感官"和"文化"。"日常生活"的内容非常具体而微，用夹子取东西，从盆子往碗里倒水，日用品的分类，拧螺钉，等等，无所不包。"感官"这部分则包括了认识各种规则和不规则的几何形体。"文化"其实更多的是科学，有地理——七大洲的形状、加拿大十个省的名称、火山爆发，有生物——植物的种类、树木的名称、树叶的形状，还有天文——太阳系、日地月、八大行星。小姑娘这个班的主教老师是一位伊朗移民，来加拿大之前曾是大学化学老师。当了幼儿园老师，自然也不忘带着孩子们做化学实验，比如把两颗小石头分别放在清水和可乐里面浸泡一个星期，看看它们的变化，生动形象地告诉孩子们可乐喝多了会蛀牙。

五大板块之外，小姑娘的日常课程还包括法语、美术、音乐与故事，以及体育。只要天气好，体育占据最多的时间，每天上下午分别有一两个小时户外活动，每周还有一次瑜伽课。学期结束，学校的报告单上会对所有这些部分给出详细的评估，家长拿到报告以后再跟老师单独会面讨论。

除了这些内容，报告单上还有一个单元专门讨论"社交和情绪发展"，具体包括与小朋友互动、与成人互动、接受新挑战、独立完成任务、责任感和听从指令六项。参观课堂之后没几天，学期报告就出来了。跟以往一样，我最关心的就是"社交"这一部分。看到小姑娘逐渐取得进步，这可比做除法更让我开心。

在幼儿园过情人节

"情人"这个词原本该是美好的，不过在中文里面已经逐渐变了味道。一个广为流传的段子说饭店门口贴出告示，敢把老婆和"情人"一起带去吃饭的可以免单。可见"情人"这个词是不能乱用的。"情人节"似乎例外，在商家一波接一波的推动之下，不管是交往中的男女朋友还是多年的夫妻，不花点钱是过不去这个节的。其实，情人节如此猛烈，还真不是历史传统，更多是商业推动。就好象尽人皆知的"钻石恒久远，一颗永流传" (*A diamond lasts forever*) 只是一则不过几十年历史的广告文案，情人节之成为"情人节"历史也并不太长。

1.瓦伦丁是谁?

在英文中，情人节被称为 *Valentine's Day*(瓦伦丁日) 或者 *St. Valentine's Day*(圣瓦伦丁日)。瓦伦丁是一个人名，与"情人"没有半点关系。这人是谁? 我也不知道，而且没有人知道。在基督教早期历史中有许多名叫瓦伦丁的殉道者和圣徒，甚至 2 月 14 日纪念的瓦伦丁都有两个——罗马一个，特尔尼 *(Terni*，今天也属于意大利) 一个。两位都是公元 3 世纪的殉道者。罗马这位，可以确知的是他死于 2 月 14 日，遗骨埋在罗马北部。至于他的事迹，传说是当年罗马暴君为了保证军队的战斗力禁止战士结婚，而这位瓦伦丁神父偷偷为新人举行婚礼，惹怒了暴君被处死。这只是牵强附会的传说，却没有任何经得起考证的资料。

特尔尼这位，传说他为了传教被异教的法官判了死刑。临刑前法官说如果他能治好法官女儿的眼盲就跟他改信基督。瓦伦丁真的治好了法官的女儿，但这更引起了暴君对基督神力的恐惧，于是暴君还是处死了他。同样，这也是没有任何文献也没有任何考古证据支持的传说。

鉴于圣瓦伦丁的事迹完全无法考证，加之这个名字在基督教最初的殉道者名单上找不到，1969 年教廷决定把瓦伦丁的名字从《罗马天主教圣人历》中去除。

2.圣瓦伦丁、乔叟和二月里的春天

至于瓦伦丁日与爱情之间的关系，现存最早的资料是英国诗人乔叟 *(Geoffrey Chaucer)* 的诗歌 *Parlement of Foules*。不认识这几个英文字？认识才怪。如果你去读莎士比亚的原文，你会发现你这么多年的英文都白学了。中国的文言文就算你读不懂，起码方块字是认识的。莎翁时代的英文不但语法、词汇，连单词的拼写都跟现代英文不同。莎士比亚是 16 世纪末 17 世纪初的人，是英国文学的高峰。而乔叟则是英国文学传统的代表人物，他生活在 14 世纪，连莎士比亚读他的文章都是带着顶礼膜拜的心情，所以他那时候的英文你不认识是很正常的。这首诗翻译成今天的英文叫做 *Parliament of Birds* 或者 *Assembly of Fowls*，翻成中文就是《百鸟会议》。

在这首诗中，乔叟写到：

For this was on seynt Volantynys day

Whan euery bryd comyth there to chese his make

（在圣瓦伦丁日，每只鸟都飞来求偶）

这两行诗被认为是圣瓦伦丁日第一次与爱情扯上关系。而诗中所描写的飞鸟在瓦伦丁日求偶也引起了许多学者的关注。*Jack B. Oruch* 在 1981 年发表了一篇五万字长文《圣瓦伦丁、乔叟和二月里的春天》*(St. Valentine, Chaucer, and Spring in February)*，对这两行诗进行了宗教、历史、自然物候等多角度全方位的考证，认为乔叟笔下的圣瓦伦丁日应该不是我们今天所说的 2 月 14 日——2 月份的英国还没有暖和到让鸟儿思春的地步。

3.幼儿园里的情人节

说了半天，圣瓦伦丁到底是谁，圣瓦伦丁日如何跟爱情拉上关系，全是一笔糊涂账。历史可以糊涂，生意人更是喜欢装糊涂。不管有没有关系，只要把势头造起来就能卖东西。这也是为什么 *St. Valentine's Day* 在中国直截了当地翻译成了"情人节"。

在北美，圣瓦伦丁日自然是有情人表达爱意的时节，但除了男女爱情之外，亲情、友情，种种广义的"爱"也在庆祝范围之内。单位里，同事之间往往会在这一天互相送些小礼物，小到也许只有一粒巧克力，但总是一丝暖意。

在从幼儿园到小学到中学的学校体系中，圣瓦伦丁日也常常受到高度重视，不但提前好多天就全班全校动手装饰教室，老师还带着孩子们制作各种礼物送给父母，父母们也会准备小礼品带到孩子的学校给老师同学分享。

女儿的幼儿园也不例外，两个星期以前就挂上了各式各样心形图案，老师还领着孩子们把自己的教室装饰得粉红一片。

这天我接她的时候跟她说："你们教室装饰得好漂亮呀。"

"爸爸，我们在门上做了 *Valentine's Day* 的装饰。"她说。

"是老师带你们做的吗？"

"我和 *Nevin* 负责把墙弄干净。"

女儿的幼儿园把三岁半到六岁的孩子混在一个班里，我家小姑娘和 *Nevin* 比其他孩子小些，只能干些最简单的活，这也让她高兴了好几天。

一个教师交流网站上还贴出了瓦伦丁日可以在学校开展的十大活动，比如写一张爱心便签 *(A note of kindness)*，再做一个圣瓦伦丁日的小盒子（*Valentine's box*）用来装那些便签……

老师们真有办法，这个节过得热闹而充满了爱意。抛开扑朔迷离的历史起源和似是而非的传说，这个节日所宣扬的都是爱心、关心，不管是不是情人节，这样的关爱总是美好的。

小手老茧

Blister（水泡）这个词我是跟我家四岁小姑娘学的。前一阵子她从幼儿园回来说手疼，一看，原来两只小手上都磨出了一些茧子。死皮褪去，新肉长出来，没几天也就好了。这事儿有点出乎我和她妈妈的意料，但也没太让人感到惊讶，因为我们知道她每天在幼儿园都干些什么。

她的幼儿园有一个不大的操场，一道栅栏分成两半。三岁以下的孩子在前面一半，有一个迷你版的塑料滑梯和一些别的玩具。后面一半给大些的小孩，有一些相对复杂的游乐设施。我家小姑娘最喜欢的是一架名叫"猴子杠"（*Monkey Bars*）的攀爬设施。这东西像是双杠，但高度高于游戏者的身高，两杠之间的距离也比一般的双杠要宽，这样就有足够的空间在两杠之间等距离排出一连串横杠。玩的人手抓横杠，从双杠一头挪到另一头。因为人悬空脚沾不着地，全靠双臂和腰腹的力量。

四岁的孩子玩这个，当然不容易。不过对她来说，这却并不新鲜。所有的居民社区，街头巷尾，走不了多远就会有一个儿童游乐场，而这样的攀爬设施几乎是每个游乐场的标配。唯一不同的是，游乐场需要照顾不同年龄的小孩，"猴子杠"通常都比较高。小姑娘够不着，就会让大人把她抱起来。有我们在下面托着，胆子也就壮了，每次都使出最大的力气尽量让双臂能够支撑自己全身的重量，同时扭着腿、探出手臂，往前面一根根横杠够过去。这样的尝试从她很小的时候就开始了。没有人教过她，只是在游乐场玩的时候看见大的小孩这么玩，她也就跃跃欲试了。幼儿园的"猴子杠"是专为她这个年龄的孩子设计的，比一般儿童游乐场的来得矮，老师还在下面垫了几个旧汽车轮胎，这样不用人抱，孩子们自己就能上去了。

日复一日地练习，小姑娘居然能够自己在普通游乐场的"猴子杠"上从头走到尾了。

这天到了游乐场，她叫我："爸爸，你把我抱上去，然后你就不抱着我。"

"你自己可以吗？"我问。

"可以的。上次我手上有 *blister*，已经好了，现在我就不疼了。"

"好的，你小心点。"我说："我还是在下面托着你吧，我不使劲抱你起来，你自己用力，我只是在下面保护你好吗？"

"不，不要，我自己可以。"

说完她还真就自己玩了一趟。看着她身体协调用力，手上有准头，抓得很牢，我也就让她自己去了，只站在一伸手就够得着她的地方看着，以防意外。

她爬完一圈，骄傲地对我说："看，我可以的。"

"你真的很厉害啊，爸爸还不知道你现在都可以自己玩 *monkey bar* 了。"

正巧有人路过看见了，赞了一句"小姑娘够棒的"。做父母的听见有人夸自己的小孩当然开心，不过说的人和听的人心里都清楚，在加拿大，小孩子差不多个个都这样。道理很简单，这里的小孩都是"放养"的。

幼儿园的日常"放养"是这样的：上午到室外玩一个多小时，下午再出去玩一个多小时，只要夏天体感不到 $40^\circ C$ 以上，冬天气温不到 $-12^\circ C$，就天天如此。这属于一天课程安排之内的时间。四五点钟一天结束，到家长接孩子之前，还有一两个小时的时间，一般来说，这段时间也是在室外度过的。一到了室外，老师只管给孩子们涂上防晒霜，给各人的杯子灌满水，至于孩子们怎么玩，老师几乎是不过问的。不过问的后果是孩子们在自己的小社会中嬉笑打闹，慢慢地长大。我家小姑娘就这样在磨出了一手水泡之后无师自通地爬起了"猴子杠"，最近还跟着别的孩子学会了侧手翻。

"放养"的孩子带回家给父母的也不都是惊喜，还时时把父母宽容的底线一步步往前推。有段时间，我家小姑娘跟着几个要好的朋友整天在地上学狗爬，每天回家，整个人都像是从泥里捞出来的，没有一条裤子是能用洗衣机洗干净的。脏也就算了，不论牛仔裤还是冬天穿的厚厚的抓绒裤，每条裤子都把膝盖磨出洞来。撩起裤子来，腿上青一块紫一块的更是家常便饭。这还是女孩子，男孩子三天两头的挂红，老师家长也都是见惯不惊。

这样的"放养"，要搁在国内，先不说家长愿不愿意，老师敢吗？按照教育部《幼儿园教育指导纲要》的要求，幼儿园每天应该安排两小时以上的户外游戏活动，但一些教育专家的研究发现，许多幼儿园实际的户外活动时间远远低于这个要求。除了场地限制、雾霾天气等客观因素之外，老师和家长常常也并不愿意孩子有太多的户外活动。在老师这方面，安全责任是他们头上的一道紧箍咒。出了事没法向家长交代，因此许多幼儿园都要求老师签订安全责任书。户外活动，老师不得不"盯人防守"，哪敢像加拿大的幼儿园这样"放任自流"。家长呢，一方面对孩子呵护有加，生怕冻着摔着，另一方面，为了不让孩子"输在起跑线上"，焦虑的家长们常常认为自由游戏就是浪费时间。在一项调查研究中，竟没有一名家长认为游戏可以让幼儿"学到知识，发展能力"。

加拿大环境的宽容不止表现在老师和家长的态度，公共设施的设计也在鼓励着孩子们大胆尝试。在随处可见的儿童游乐场中，除了"猴子杠"，最常见的当然就是滑梯。滑梯各式各样，不同的高度适合不同年龄的孩子，可都有一个共同之处——极少有供人两边抓好扶手一步步走上去的那种正常的楼梯。在上到滑梯顶部可以往下滑之前，有的是绳网，有的是一根螺旋式上升的钢管，有的是一面塑胶或木质的攀岩墙，还有的是一组渐次升高的小圆凳子，不管哪一种都得手脚并用而且开动脑筋想办法才能上得去。

我家小姑娘两岁多的时候就能踩着许多攀爬设施上蹿下跳。有一天我拍了一段视频，随手发给国内的亲戚，却没想到引起了堂妹的一阵感慨。堂妹在北京，她的女儿比我家小姑娘大很多。她家女儿五六岁的时候，她第一次带她去欧洲玩。在一个普普通通的社区公园，小姑娘第一次看见这种需要手脚并用才能爬上去的滑梯，一下子显得不知所措，而旁边那些三四岁的当地小孩却都非常老练，玩起来从容自如。

花样百出的游乐设施用难度不断挑战孩子们的好奇心和好胜心。即使一架滑梯配备了可以轻松走上去的普通楼梯，也极少看见有孩子会去用。每完成一个新的动作，都会有一份新的满足感和荣耀感。在家长和老师的包容之下，孩子的这份心理感受又会驱使他们去挑战下一个难度，在挑战中一次次挫败，又一次次站起来。就这样跌跌撞撞、粗枝大叶地成长。一双小手磨出水泡，老茧褪去只会更结实。

零下十二度

从圣诞节前到新年之后，多伦多经历了一百多年来最冷的一个跨年。赶上加拿大 150 周年国庆，首都渥太华早早就预备了大规模的庆祝活动想要给这个历时一年的盛大庆典画上一个圆满的句号。没料到老天爷如此不给面子，渥太华市政府只得临期取消，让许多人遗憾不已。多伦多的庆祝活动倒是没取消，不过时间从原计划的晚 7 点到凌晨改成了 11:30 到 12:00，短短半个小时，草草倒数而已。

经历了前几天气温 $-24°C$ 体感 $-36°C$ 的极寒天气，这两天总算是有所回暖，今天下午气温甚至到了零上。因为天气太冷，幼儿园已经好几天没叫孩子们到户外活动了，天气一暖和我家小姑娘自然高兴起来。

放学的时候我问她："今天你们到外面玩了吗？"

她高兴极了："去了！"

"上午去的还是下午去的？"

"上午和下午都出去了。"

"你们玩什么了？"

"玩雪。"

"冷吗？"

"不冷。"

她是不会冷。雪衣雪裤雪靴，帽子脖套手套，全副武装之下，跑跑跳跳一番，估计不是冷而是出汗。

正巧这几天朋友圈里晒雪花的刷了屏，特别是中国南方的城市，零度左右的气温足以让多数人闻之变色。成都有人抱怨零下三度还得出门，深圳有人感叹年龄大了，十几度就得穿羽绒服。这时候我偷偷在后面留言说女儿的幼儿园规定 -12°C 以上都要到户外活动，引起一连串啧啧声。

其实这并没有什么好奇怪的。生在这么个天寒地冻冬天漫长无比的地方，自然而然就适应了这里的气候，跟身体好不好意志力是否坚强没有太大关系。特别是孩子，只要有玩的，哪里会觉得冷。

最好的注脚就是 2002 年版的 5 加元纸币。背面图案是一群孩子在天然环境下进行各种冰雪运动，配了一段加拿大著名法语作家 *Roch Carrier* 的文字：

Les hivers de mon enfance etaient des saisons longues, longues. Nous vivions en trois lieux: l'ecole, l'eglise, et la patinoire; mais la vraie sur la patinoire.

The winters of my childhood were long, long seasons. We lived in three places - the school, the church and the skating-rink - but our real life was on the skating-rink.

（童年时候，冬季是很长很长的季节。我们生活在三个地方——学校，教堂和溜冰场——但我们真正的生活只是在溜冰场上。）

美丽的文字，美好的回忆。

Roch Carrier 生于 1937 年，他的童年跟今天实在不能同日而语。今天，法律和制度对儿童保护早已到了无所不用其极的地步，不论家长还是老师都需要遵守许多绕不过去的条条框框。然而，在对抗寒冷这一点上，幼儿园倒是让我欣慰，他们并没有为了图省事就把孩子们简单地往教室里一圈。只要不是遇到极寒警报或是暴风雪这类恶劣天气，老师总带着孩子们到户外游戏。

我和我太太都不是北方人，对寒冷缺少与生俱来的亲近感。幼儿园冬天里也每天让孩子到户外活动，一开始我们少不了有些担心，是幼儿园的老师和别的家长给了我们信心。两三个冬天下来，大人孩子也就都习以为常了。到目前为止，女儿已经就读过两所不同的幼儿园。这两个地方对待寒冷天气的态度倒是十分一致，以 -12°C 为限，低于这个温度就停止户外活动，否则一切照常。

作为参考，我查阅了一下地区教育主管部门的有关规定。尽管这是针对学龄儿童的规定，学龄前想来也差不多。不查不知道，一查吓一跳，相关文件中颇有些让我感到惊讶的地方。

首先，在"极端天气情况"(Extreme Weather Conditions)这一部分，文件放在首要位置考量的不是怎样让孩子们保暖，而是明确指出学生每天都要到户外活动。

All students are expected to go out for recess unless the principal or vice-principal decides that weather conditions are detrimental to students.

（我们期望所有学生到户外进行课间休息，除非校长或副校长认为天气情况对学生不利。）

看来 –12°C 就是我们幼儿园的园长所认为的"对学生不利"的情况了。

这倒也罢了。另外一项建议更让人大跌眼镜。

Parents sometimes request their children be kept indoors during recess times because they are not feeling well. Students with illnesses serious enough to prevent them from participating in normal school activities - physical education, recess or other outdoor activities - should remain at home until their condition improves.

（家长有时候会要求课间休息时把他们的孩子留在室内，因为他们身体不舒服。因病情严重而不能参加学校正常活动——体育课、课间休息或其它户外活动——的孩子必须留在家里直到情况好转。）

只是因为不能上体育课甚至只是因为课间休息不能到户外就不让上学？这段话绝对是大多数中国家长无法理解的。在我们从小长大的经历中，别说课间休息，就连体育课之类都属于"副科"，可有可无，还常常被"主科"老师以各种堂而皇之的理由霸占。而在加拿大，学校方面竟然把小小的课间户外活动上纲上线到如此地步！"文明其精神，野蛮其体魄"，此之谓也。

当然，教育部门也是有备而来，他们同时也给出了具体的御寒建议。除了要求老师密切关注学生的身体状况、建议合适的冬季着装之外，甚至连备用衣服也给出了细致的指导意见。

It is advisable for students to bring extra pants and socks. A change is often necessary due to the wet and cold weather of the winter months. To avoid adding to the clothing collection in the Lost and Found, parents/guardians should be advised to label all articles of clothing, including but not limited to, boots, hats, mitts/gloves, scarves, and snow pants.

（我们建议学生携带备用裤子和袜子。由于冬季的湿冷天气，换衣服常常在所难免。为避免失物招领处的衣物越积越多，建议家长／监护人务必在包括但不限于靴子、帽子、手套、围巾和雪裤的所有衣物上都贴上标签。）

好吧，多穿点，不怕冷。

玩刀子

这周是女儿在现在的托儿所最后一周了。过几天她会去一个新的学校，认识一帮新的小朋友。

周二，带着她，我们俩又在车上聊开了。她问我："我过生日的时候可以请 *Sophia* 和 *Anika* 来我家玩吗？"

"可以啊。"我说。

"我还想请 *Joyce* 还有 *Kevin* 还有小 *Sara* 还有 *Justin* 还有大 *Sara* 还有 *Anika* 还有 *Sophia* 全部都来我们家玩可以吗？"

"可以。你可以请你的朋友们来家里玩，可是你马上就要去新的学校了，以后就不能每天跟他们在一起了。"

"为什么？"

"这周是你最后一周在现在的学校，我们马上就要去新的学校了。"我解释道。

"哦，今天是最后一天了。"她恍然大悟。

"今天不是最后一天，这周还有三天。"

"还有三天我就去新学校了。"

时间过得真快，一转眼已经在这家托儿所度过了两年。安大略省的法律，托儿所 *(Child Care*，因为一般是日托所以口语中也常称为 *day care)* 的师生比例根据孩子的年龄而定，18 个月以下的婴儿班 *(infant)* 为 3:10，3 个老师带 10 个孩子，18 到 30 个月称为 *toddler*，1：5，再大点则是 *preschool*，1：8。我们从 20 个月左右开始去 *toddler* 班，一年以后升到 *preschool* 班，到现在终于要离开了。

国内的朋友常讨论"起跑线"的问题，时不时听到幼儿 *MBA*、幼儿园奥数班之类的新闻。回想起来，我们的托儿所好像完全没有这种概念，虽然也教小孩认字母，但基本上没有任何具体要求；也画画，但主要是把各种颜料往纸上抹；也唱歌，但五音全不全没人顾忌。那么这两年托儿所教了些什么呢？

1. 首先是生活自理和独立

刚上托儿所没两个月，不到两岁的女儿会自己穿外套了。即使像滑雪服那么厚的外套，拿过来就穿，熟练得很。方法很有趣，衣服拿过来摊开，背面朝下铺在地上（你没看错，地上），领口对着自己，蹲下身子，两手插进袖管，猛一下把衣服整个提起来，这时候手在袖子里面领口在下巴底下衣服下襟朝着天，再一翻衣服就掉了个个儿，服服帖帖地到了背后。第一次看她这么穿衣服，我们惊呆了。其实老师也没刻意手把手教，但是大孩子都这么穿，小的就看会了。

收拾玩具也是从小班就开始的。一大屋子玩具分别放在几个不同的区域，玩好一样收拾利落再玩另外一样。下午去接她的时候常常看见他们在帮老师收拾整理。

到了大班 (*Preschool*，2 岁半到 4 岁)，每天吃饭的时候（托儿所包早饭和午饭）老师把一摞盘子放在桌上，小朋友们依次各拿一个，接着再端上来乘着食物的盘子大家挨个取一份。

不但吃饭的时候自己端盘子拿菜，下午点心老师还带着孩子自己动手做。拿一把塑料小刀有模有样地把草莓切成小片，把蓝莓洗干净，然后放进搅拌机，再加上牛奶，所有这些都是孩子们自己动手。老师帮忙按下开关，一杯奶昔就做好了。想吃，还得自己把它倒进杯子里。老师发来的照片里小姑娘一本正经的模样，总是让人忍俊不禁。

2. 礼貌、表达和与人相处

托儿所每天放学的时候在门口放着一篮子零食，每个小朋友离开的时候自己去取一个。家长接孩子有早有晚，如果哪天的零食特别好吃，先走的馋嘴小孩保不齐就多拿了两块，后面的可能就没得拿了。女儿的老师很细心，有好吃的东西她先给班上的孩子留起来一些，临走的时候把小孩叫到跟前再悄悄给他们。每次给玩零食，如果小孩没有主动道谢，老师都会问一句"*What do you say?*"（你该说什么？）听到"*Thank you*"的回答才会放他们走。

这个年龄的小孩情绪控制不是一件容易的事，很多时候不是他们爱发脾气而是心理发育还不完全没有控制情绪的能力。有孩子乱发脾气，老师总会耐心但严肃地教导他们"*Use your words*"（用语言表达你想要什么）。有孩子的人都知道，小孩发脾气的时候是没法讲道理的，因为他们真的是控制不了自己。老师的这个方法其实并不是讲道理，而是引导孩子通过合理的途径（使用语言）而不是暴力（发脾气）来宣泄自己的情绪，等情绪平静下来以后再讲道理。我们在家里也学会了这招，"*use your words*"是一句很有效的话。

除此之外，与人相处还包括很多方面的内容。多伦多的环境，不同族裔的人混居在各个社区，女儿的托儿所就像一个小小联合国。来自不同文化背景的小孩，很多时候在家里都跟父母说自己的母语。牙牙学语的他们。也把不同的语言带到了托儿所这个小环境。同班的小朋友有几个跟我们一样在家说普通话，还有说广东话、说韩语、说波斯语的孩子。最特别的一个小姑娘，家里是从印度移民来的波斯人。跟现在信奉伊斯兰教的伊朗人不同，她的家族是几个世纪以前从波斯迁移到印度去的拜火教徒。老师是意大利移民。有一次她跟我说，你女儿经常和几个中国孩子在一块儿说普通话，他们还跟一个韩国孩子也说普通话，也没意识到那孩子听不懂中文。老师说这样很好，让孩子们从小就接触到不同文化，意识到各种不同文化之间的差异。她还得意得跟我说"*I speak Italian. Sometimes I talk to them in Italian.*"（我说意大利语，有时候我会用意大利语跟他们说话。）

与人相处，甚至还包括对饮食习惯的尊重。除了宗教的原因，加拿大的小孩有许多对食物过敏。对花生和坚果过敏的小孩特别多，所以托儿所和学校一般都禁止携带任何坚果类食品。一个班上如果有一个小孩对某种食物过敏，全班的食谱中都不会看见这样东西。这些事大人会说，小孩也都明白。除了食品安全的考虑，他们也从中学会了尊重别人的饮食习惯。

3. 种下爱心的种子

升到大班以后，刚巧同班的一个中国女孩家里又添了小妹妹。托儿所借此机会开展了一项名为"*Seeds of Empathy*"的活动。*Empathy* 在中文里很难找到对应的词，大概相当于心理学上讲的"移情"，差不多是"幼吾幼以及人之幼"，推己及人的意思。我把它翻译成"爱心的种子"。

这个姑娘的妈妈定期把小宝宝带到托儿所来，大班的小孩围坐在一起，共同关注小宝宝的成长。老师带着他们用积木给小宝宝量身长，一边看着宝宝的妈妈给她换尿布，一边自己给洋娃娃换尿布。几个月时间过去，小宝宝长大一些了，大班的"大哥哥""大姐姐"们开始逗她玩。

如今这些"大哥哥""大姐姐"真的长大了，就要从大班毕业了。新一年的开学季，他们各自去向了不同的学校。有一天他们还会想起那个在他们心里种下爱心种子的小宝宝吗？

孵蛋的鹅和甜甜的雨

加拿大这地方要说有什么服装品牌，唯一称得上有国际知名度的就得说是加拿大鹅（*Canada Goose*）了。这个羽绒服抗 -40°C 低温。品牌名字来自于加拿大国宝级动物加拿大鹅。四川土语把大雁称作雁鹅，英文里面鹅和大雁都叫 *goose*，所以说加拿大鹅其实是加拿大独有的一种野生的大雁。跟所有其他大雁一样，加拿大鹅也是候鸟，秋天会离开加拿大到美国南方温暖的地方过冬，春天再飞回来繁殖后代。春夏两季满大街都是加拿大鹅，特别是春末夏初，新孵出来的小雁跟在大雁后面，摇摇摆摆，可爱极了。

这天我从托儿所接了女儿出来，车一拐上大街，小家伙就往路边的草地上看。没看见大雁，好像有点儿失望。她跟我说："我们看看有没有 *goose* 吧。"

"你看见了吗？"我问。

"它们不在这儿，可能已经穿到马路对面去了。"她说。

她接着又说："它们过马路的时候，车就得停下来让它们。"

"说对啦。"我说。

看来小姑娘又想起两个星期前经历的那一幕了。那天也是从托儿所出来，刚拐到大街上。三四只大鹅带着十来只小鹅横穿马路。带头的大概是只公鹅，小鹅们紧随其后，鹅妈妈断后。那时候我的车刚要从路边拐上大路。看见大鹅一家穿马路，只好停下来等它们。排在我后面的车和从主干道两个方向开过来的车都同时停了下来，给它们让路。

大鹅悠闲地踱着方步，趾高气昂地一摇一摆；小鹅好像完全不明白发生了什么事，只顾着自己左顾右盼东张西望，好在有爸爸妈妈的催促，总算一个挨一个地跟上了队伍。这是一条纵贯南北几十公里长的交通要道，时间又是下班晚高峰。车堵成什么样，大家可以脑补一下当时的画面。

这在加拿大都不算事儿，运气再差一年也总能遇上一两回。没有人试图冲破大鹅的队形，也没有人鸣笛惊扰它们。满街的车就这么静静地等着。刚来加拿大的时候遇到这样的事儿，会感叹一下人与自然的和谐，现在早已见惯不惊了。

小姑娘这是第一次遇到车停下来给过马路的大鹅让路，但对于这些鹅她是一点儿也不陌生。一年前的春天一对加拿大鹅夫妇突然降临托儿所的户外游乐场，生蛋孵蛋，直到小鹅孵出来能走路，才慢悠悠地离开，前后历时一个多月。

鹅是一种攻击性很强的动物。即使是家养的大白鹅，过去在中国农村常常被用来看家护院，比狗还厉害。孵蛋的野鹅就更别说了。这事儿要是发生在中国的托儿所，我不知道老师和家长们会有什么反应。安全和责任肯定是第一位的，别出事儿比什么都重要。老师会不会把孩子们关在教室里不让出去？家长会不会给托儿所施加压力，要求增加安保措施，用栏杆把鹅给围起来或者干脆赶走？我不想妄加揣测。幸运的是女儿的托儿所没有这么做。

老师每天照常带着孩子们到操场上去玩儿。唯一不同的是他们的户外活动增加了一个新的项目，就是去观察大鹅孵小鹅的进展。隔三差五的，女儿回家会跟我们汇报。一个多月下来，托儿所的小朋友们和大鹅一家成了好朋友。老师给大鹅一家拍了不少照片，最后做了一期墙报，叫做 *Canada Goose in Our Playground*，记录了整个的过程。去年好像是第一次有大鹅在托儿所的院子里孵蛋。今年大鹅又来了，又孵了一次蛋。老师没有再拍照片，女儿对这一切也早已经习以为常。

印象中在我小的时候蹲在地上看蚂蚁会被大人认为是又脏又浪费时间的一件事儿。从小受到的教育，对各种动物植物的认识是从"肉可食"、"根茎可入药"开始的。动物在老师们的眼里是可以分类的，"全身都是宝"或者"对农作物有害"。像女儿这样，老师带着，就这么静静的观察，没有功利，也没有善恶，甚至没有美丑，所有一切就这么存在着，一切都如此自然。不知道中国今天的幼儿园老师会怎么对待这样的事情，但至少在我们的童年，这是不可想象的。这是不是一种教育的"无为而治"呢？

这又让我想到托儿所的另外一件事。多伦多的冬天有四五个月。有人开玩笑说加拿大四季分明，四季分别是 *almost winter*（快冬天了）、*winter*（冬天）、*still winter*（还是冬天）和 *road construction*（修路）。漫长的冬天不可能一直猫在室内。托儿所的规定是只要气温高于零下 12 度就会安排户外活动，下雨下雪也不例外，除非是暴雨暴雪完全没法出去。

小孩子淋了雨怕生病，那是爷爷奶奶辈儿的想法。托儿所老师不这么看。一天，下过一阵蒙蒙的细雨。回家的路上，女儿跟我描述了托儿所的一天。

我问她："今天下雨你们没出去玩儿吧？"

"我们出去淋雨啦。"她高兴地说。

"你们在院子里干什么呢？"

"吃雨。"小姑娘不假思索。

"谁让你们吃的呀？"

"*Sara*。"她说。*Sara* 是女儿的老师，平时都直呼其名。

"你怎么吃的呀？"我又问。

"*Sara* 叫我们把舌头伸出来，让雨滴落在上面。"

"好吃吗？"

"雨是甜的。"

小姑娘的美食排行榜

这天我回到家，小姑娘正拿着一张画得花花绿绿的纸给她妈妈看。我见了，就问她："你画的什么呀？"

她："这是作业，我已经做完了。"

我细一看，还真不是平常她自己画着玩的那种风格。一张粉红色的纸，中间用铅笔工整地画了一条竖线，两边分别罗列着许多图案，有画的，有写的，有粘纸，居然还有几张零食包装纸也粘在上面。

我问："挺好看的。这是什么作业啊？"

"*Food*，"她跟我解说道："这边是 *thumbs up*，这边是 *thumbs down*。"（*thumbs up* 大拇指朝上，表示好；*thumbs down* 拇指朝下，表示不好）

"老师让你们找哪些食物好哪些食物不好，是这意思吗？"我又问。

"是，明天要带去学校。"

"要交给老师吗？"

"*Circle time* 要讲的。"她说。*Circle time* 是学校的集体活动时间，大家围一个圈席地而坐进行阅读、朗诵、唱歌等活动。

"你要给大家讲吗？"我问她。

"嗯。"

"真棒！"

我拿过来认真看了一遍，编排错落有致，内容丰富，剪纸粘贴还有些造型，还真不错。

"这全部是你做的？"

"是的。"

"妈妈帮你了吗？"我问她。

她还没回答，妈妈告诉我："全部是她自己做的，只有胶水棒的盖子卡住了我帮她拧开。"

"你这么厉害！"

"那些包装纸是我们一起从垃圾桶里翻出来的。"妈妈补充道。

"我来看看，"我拿起图边看边说："茄子是好的，番茄是好的，蔬菜都是好的。为什么这个果冻也是好的？"

"因为里面有水果。"她说。

"好吧，也有道理。"

"*Burger* 也是好的，里面有肉。"她继续解说。

"这个杯子是什么？"我问她。

"牛奶！"

"我再看看这边——嗯，糖不好。你画的这个方块是什么？"

"巧克力。可是黑巧克力是好的，我把它的纸粘在 *thumbs up* 这边了。"

"很棒。"

第二天到了学校，小姑娘很高兴地把作业给了老师。放学的时候我自然要询问一番："你们今天讲了你的作业吗？"

"*Circle time*。"意思是指 *circle time* 的时候讲了。

"你讲了吗？"我问。

"讲了。"

"老师说你讲得好吗？"

"好。"

不但讲得好，还会活学活用。周末，小姑娘帮妈妈一起做了一个苹果蛋糕。

"这蛋糕基本上都是她做的，我只把材料称好重交给她。"她妈妈告诉我。

"你这么厉害！"我说。

"我和妈妈做的，我切了苹果，还搅了面。"她说。

"你们做的蛋糕真好吃。"我赞道。

小姑娘吃完一块，还意犹未尽。眼睛一转，计上心头，大声说："苹果蛋糕是 *thumbs up*。"

"为什么呀？"我问。

"因为里面有牛奶，还有水果！"

口袋里的金项链

这天放学，小姑娘把手插在外套口袋里摇头晃脑地走了出来。走着走着，忽然从衣服口袋里掏出一条金晃晃的链子。一打眼，我也没看清是什么东西，第一反应是小姑娘从不知哪里拣来的"垃圾"。室外游戏，小姑娘时常搜罗些枯树枝小石子什么的，当个宝似地藏起来，美其名曰她当海盗寻来的宝藏。

我见了问她："你这又是从什么地方拣来的啊？"

"不是的。"

"是哪个小朋友掉的吗？"

"是这件衣服口袋里的。"她说。

我这才仔细一看，是条很精致的金项链。衣服是一个朋友送给她的。朋友家一女一儿，大女儿妮可比我家小姑娘大几岁，很新的一件冬装没穿几次穿不下了，亮丽的玫红色弟弟也没法穿，就送给了我们。小姑娘很喜欢这件衣服，不过有点长，一直没上身。这天早上小姑娘自作主张从衣柜里翻出这件外套来，试试竟然不大了，于是兴高采烈地穿着去了学校。没想到，一天穿下来倒穿出来一条链子。

我连忙拍了照片发给朋友，询问是否妮可不留神把项链忘在衣服口袋里了。妮可的妈妈马上回复过来："找了很久，妮可都哭了。以为掉在学校里，有一年了。"我把这个消息告诉了小姑娘："真的是妮可的。她妈妈说妮可找不到这条项链都哭了。下次我们给妮可带去她肯定会很高兴。"

"星期五吗？"她问。

"对，这个星期五滑冰课会碰到他们。"

小姑娘又告诉我一个新信息："我从衣服里面拿出来，别的小朋友想要把它拿走。"

"那你怎么办？"

"我说'*It's not yours*'，我就把它藏起来了。"

"你真棒。"我表扬她。

她妈妈也凑上来："你是个 *hero*，你保护了妮可的项链。"

小"英雄"于是得意起来，添盐加醋地又描述了一番她如何保护项链。

小姑娘的"英雄事迹"虽说有一定的偶然性，其实也不算是非常小概率的事件，因为闲置二手物资的流通在加拿大十分普遍。淘宝起步的时候是以 *eBay* 竞争者的姿态出现的，可是很快淘宝在中国市场上战胜了 *eBay*，而二者也在商业生态上分道扬镳。今天的淘宝平台上主要是专业电商，而在北美和其它国家仍然有大量的个人用户把 *eBay* 当作一个处理自家闲置物品的平台。除了 *eBay*，*Craigslist, Kijiji* 等也是这种性质的平台。

电商之外，在北美还有不少实体店专营二手物品，从家居陈设到服装玩具，应有尽有，多数不是什么值钱的收藏品，只是普通的生活用品。这在中国则十分罕见。这些二手商店有的是纯粹的营利性商店，有些则是慈善机构。许多人把家中闲置的服装捐赠给慈善机构，它们再把旧衣物分门别类出售，所得款项用于相应的慈善活动。还有一些二手物品则是以低廉的价格专门出售给低收入家庭。这种二手物品的流通在中国通常是由"废品收购"来完成的，以从大城市向农村流通居多，而且近年来随着生活水平的提高，旧衣服越来越处理不掉了。

在加拿大，接收捐赠的服装回收点星罗棋布，许多社区中心或大型超市、购物中心的停车场里都能看到捐赠箱，随时可以把家中清理出来的旧衣服放进去。另一方面，加拿大人对购买和使用二手服装也抱有相对开放的态度。当然很多人会出于卫生原因或者个人喜好而从不购买二手服装，但并不会有人觉得穿别人用过的衣服有什么不好意思。

旧得没人会要的衣服，甚至破得只能当垃圾扔掉的布头也有人回收。环保越来越成为一个为世人关注的话题，零垃圾也成了一种时尚。在这种趋势之下，一些公益组织设立了纤维回收站，不论什么面料，不论成色新旧都可以投入回收箱。这些组织在回收以后会对纤维进行分类，比较新的可以穿的会交给旧衣物捐献组织进入二手店，而破得不能穿的就进入工业回收的流程，用来制成工业用的包装布或抹布，循环使用。

在各种二手物品中供需两旺的典型就是儿童用品。新的儿童玩具价格昂贵，更重要的是许多玩具，特别是低龄儿童玩具，适用的时间非常短，孩子稍大一点就没有用了。很多家长都有这个烦恼，买来的玩具没玩过几次，看着跟新的没什么区别，可孩子已经过了玩这类玩具的阶段，花钱不说，家里也没地方放。这些"过期"玩具留之无用弃之不忍，于是二手交易就活跃起来。不但玩具。小孩的衣服鞋子也是如此。天气暖和的时候。常有人家清理出不要的儿童用品，摆在自家门口售卖，不为卖钱，为的是给家里腾地方。这种传统历史悠久，至今不衰。相熟的朋友间互通有无、捐献给慈善机构，也都是这种传统的一部分。网络二手交易平台不过是帮他们换了个地方。

中国现在也越来越多家长在网络平台上交流儿童用品，并渐渐形成了一个不小的市场。不论自发形成还是商业助推，这些二手交易比之共享单车的模式其实更符合共享经济的本意，也更符合循环使用、减少社会资源浪费的现代理念。

孩子丢了

晚上的睡前故事，女儿挑了小兔汤姆系列中的一本《汤姆走丢了》。故事描述了汤姆跟妈妈逛商场不小心走丢了以后找妈妈的过程以及期间的心理变化。我乘势问她："你要是走丢了会害怕吗？"

她说："我不会走丢的。"

书上商场的保安把汤姆带到办公室用广播寻找汤姆的妈妈。看见保安穿着制服，小姑娘又来劲了，说："这是警察叔叔。"

"这不是警察，是 *security*，保安。"我纠正道。

"不，他就是警察。"小姑娘坚持自己的意见。

"好吧。你要是走丢了你会找警察叔叔帮忙吗？"

"嗯，我会的。"

"你害怕跟警察叔叔说话吗？"

她摇头："不怕。"

这种事情不怕一万就怕万一，但这种"万一"的确可能发生在我们身边。

2019 年 3 月 19 日星期二，下午下班的时间。我刚把车开起来，没走几步，收音机里突然传来刺耳的尖叫声，紧接着就是一段急促的广播："现在播送安珀警报"。一个 5 岁的女孩当天下午 2 点被她父亲从学校接走，而此后女孩的母亲也去到学校接孩子。因为父母二人已经离婚，没有生活在一起，母亲事先并不知道女孩的父亲去学校接她，感到有些意外，打电话给他也联络不到，于是报警。警方在核实了一些基本情况之后，根据女孩母亲的描述，认为女孩可能处于危险之中，按照程序启动了"安珀警报"系统，通过所有广播、电视、手机向全城发布女孩丢失的信息和嫌疑人（也就是女孩父亲）的有关资料，要求市民向警方报告一切线索。

所谓"安珀警报"是一个专为在第一时间寻找丢失儿童而设的公共广播系统，得名于一名美国德克萨斯州的女孩安珀·海格曼。1996 年，年仅 9 岁的小安珀在自家附近一个空旷的超市停车场骑自行车时被绑架，4 天后人们在距离她被绑架的地点不到 5 英里的一栋公寓楼后面的小溪找到了她赤裸的尸体。事隔二十多年，警方先后调查了 7000 多条线索，但这宗绑架性侵杀害幼女的案件始终没有侦破。

然而，事情的另一面，安珀的悲剧带来了对美国乃至世界形成重要影响的两个积极改变。安珀死后几天，她的妈妈就开始向媒体呼吁，要求通过更加严厉的法律打击儿童绑架和性侵犯，并在几个月后来到美国国会作证，最终促成了《安珀·海格曼儿童保护法》的通过。这一法律在此前已有的儿童保护法之上加入了十分重要的一条，即在联邦和各州建立"性犯罪者登记表"。今天在加拿大，所有被判有罪和因为精神原因被判无罪的性犯罪罪犯的身份信息和住址都登记在案，十年内这些人搬家或其它信息变化都必须向警方报告，如果是屡犯则必须终身向这一系统登记。虽然公众不能查询罪犯的具体身份信息，但在许多网站上只要输入邮政编码就能查到附近是否有这样的人居住。

安珀案带来的第二个重大影响就是安珀警报系统的建立。小安珀的葬礼之后，全美展开了关于如何及时救助被绑架儿童的讨论，一位妈妈给当地电台打了一个电话，"既然电台可以广播即将到来的严重天气灾害，为什么不能及时公布被绑架儿童的信息"。很快，许多电台、电视台自愿加入了这一行动。现在已经有 20 多个国家建立了这一警方与媒体联动的系统，在 20 年中救助了近千名被绑架儿童。随着智能手机的普及和广播电视收听收视的下降，2018 年加拿大无线电广播电视通信委员会要求所有电信运营商建立手机安珀警报系统，一旦有事发生所有手机也会接到报警。

3 月 19 日的这个安珀警告很快就解除了，警方找到了被母亲报告失踪的女孩和她的父亲。事后警方调查得知事情完全出于一场误会，女孩没有危险，她的父亲也没有触犯任何法律，因为没有任何法庭禁令禁止他接触孩子，而女孩的母亲也是因为一时心急才报的警，不能算是滥用警报系统。

事情真相由媒体公布以后，大家都为虚惊一场感到高兴。事实上，很多儿童绑架案都发生在已经离婚的父母或是熟人之间，对于这种类似家庭纠纷引起的公共警报，大家时常颇有微词。这一次几乎没有人抱怨这位母亲"滥用"警报，这是因为一个月以前的一件事。

2019 年 2 月 14 日晚上 11 点多，许多情侣正在情人节的良宵卿卿我我，另一些人已经休息了，而球迷则围在电视机前观看着紧张的冰球比赛。突然之间，一切都停止了，所有手机警报大作，声音尖利急促，足以把人从梦中叫醒，而电视节目全部中断，儿童失踪的警报占据了屏幕。被吵醒了美梦的人们也许还没搞明白是怎么回事，直播被中断的球迷却把愤怒的投诉电话打给了警方——我们在看球，怎么能把电视转播全停了！？引起人们愤怒的一个重要原因是警报中说失踪的孩子跟她父亲在一起，但她母亲却怀疑孩子会有危险。原来这天是孩子 11 岁的生日，离了婚的父亲把孩子接出去一起庆祝生日，但超过了跟孩子妈妈约定的时间还没有把她送回去。看到这样的警报，虽然没有看球，但我的第一反应跟那些愤怒的球迷一样，直觉这是离了婚的夫妻吵架却把全城的居民带进恐慌，显然是对公共资源的滥用。一个小时以后，手机上接到了第二条信息，警报解除，孩子找到了。

带着对这位大惊小怪的妈妈的不满，我睡觉了。第二天早上，收音机里传来了令人震惊的新闻，前一天半夜的手机信息只说了警报解除，女孩已经找到，却没有说找到的时候她已经死亡。女孩的母亲之所以报警是因为孩子的父亲有精神问题，很有可能会伤害孩子。不幸的事情终于发生了，孩子死了，父亲自残重伤，警方指控他一级谋杀。

悲剧发生刚刚一个月，人们记忆犹新，当然宁愿看到这次的警报以误会告终也不愿再次看到另一出悲剧的发生。

显然，构建一个警察、媒体、通信联动的安珀警报系统并不是一件简单的事情。高昂的网络建设资金投入、运营成本只是其中的一部分，整个社会为之付出的代价也是巨大的。被打搅的情人节晚餐、被打断的精彩球赛、被惊醒的美梦，都是社会成本的一部分。也许多数时候安珀警报都是有惊无险，也许那些被平安找到的孩子本来就不会有危险，也许安珀警报并不是效率最高的方式，但在每一条鲜活的生命面前，统计数字还有意义吗？一个社会是否愿意投入 100% 的努力去预防可能只有不到 1% 机会发生的悲剧，这也许就是文明的标志之一。

警察找上门

2018 年 9 月 5 日星期三晚上。上海。迪士尼已经关门了，我们坐在地铁上。疯玩了一天，我家小姑娘睡着了，在我肩上。突然之间，妻的微信上响起了一阵急促的语音呼叫。竟然是平时很少用微信的岳母。她跟我们一起生活在加拿大，但这次没有同我们回中国。妻连忙通话，才知道我家居然有警察找上了门！这时候是加拿大时间的星期三上午。

警察上门自然不会单枪匹马，两辆警车来势汹汹。老太太一个人在家，哪里见过这个架势，以为出了什么大事，这一跳吓得不轻。却原来，警察是接到学校的报警来找我家女儿的！

事情要从几个月前说起。加拿大正式的公立学校教育从 4 岁开始，称为初级学前班 (*Junior Kindergarten*，简称 *JK*)，从此进入由政府提供的免费教育体系。在此之前的托儿服务不在义务教育的范畴，全部都是私立的。我家女儿上的是一所蒙特梭利幼儿园，从 18 个月的托儿服务开始学制一直延续到 6 岁上一年级之前。于是我们有两个选择，既可以把小姑娘送进公立学校的 *JK* 也可以让她继续留在现在的幼儿园。综合考虑费用、教学内容、学校环境、午餐安排、交通等多方面的因素，这二者各有利弊，因此年初公立学校招生报名的时候我们尚举棋不定。为了多一个选择，我们给她在 *JK* 报了名。这是 2 月份的事。

到了 5 月份，公立学校为即将新入学的小朋友和家长举行了一次见面会，沟通新学年的注意事项。我们去了，小姑娘也去了，见了老师，甚至还和将来可能成为同学的其他小朋友的家长互留了电话。可是我和妻心里知道，这时候我们还没有确定到底要上哪个学校。

纠结的事就不多说了。6月底我们最终决定把小姑娘留在现在的蒙特梭利幼儿园，不去 JK。决定之后就是一系列事务性的安排。首先是要通知现在的幼儿园我们决定留下来。这没什么问题，老生不必受到名额的限制。接下来就是要通知 JK。报了名，登了记，在人家的花名册上，虽说不需要缴费没有什么银行转帐要取消，但总得跟人家说一声。

没想到事情就坏在这上面。这时候公立学校已经放假了，虽然学校就在我家旁边走路只要一分钟，但学校大门紧闭，一个人都没有。没办法，我只好给学校发去邮件说明情况。用的邮箱地址是之前学校发信来通知我们开见面会的邮箱，这是学校的官方邮箱，想来不会有问题。发完邮件，我以为万事大吉，也就把这事抛到了脑后，全身心投入了忙忙碌碌的暑期生活——包括三周的回中国之旅。

暑期回国，人多是免不了的。为了避开人流的最高峰，我们选择在 8 月下旬出发 9 月初开学以后再返回。这样的安排，开学第一周我们会缺席。好在小姑娘继续在她熟悉的幼儿园就读，不存在适应新环境新老师的问题，没什么大问题。可万万没想到，正是这个时间差让警察上了门。

9 月 3 日星期一，中国的学校开学了。加拿大这一天是劳动节，全国放假，新学年从周二开始。放完假，JK 的老师和校方明显没有兴趣查看暑假里面积累下来的电子邮件，也没关注一下新生名单是否会有变化，没有一个老师或管理人员注意到我的邮件，我家小姑娘自然也就留在了名单上。9 月 4 日一开学，我们居然没有去。9 月 5 日一早，学校清点了前一天报到的学生人数，发现少了一个，大惊失色。应急程序开启，立马按儿童失踪案报警！于是就有了本文开头那一幕。

警察闻警而动，虽说给旅途中的我们带来了一点小麻烦，但这种宁可虚耗警力不敢稍有大意的作风也给了居民巨大的安全感。这样的事情我是第一次遇到，但不是第一次听说了。

一年前，也是暑期，早上十点过，我从会议室出来，旁边的同事马上跟我说"Patrick 急匆匆地回家去了，接了个电话，说他儿子丢了"。

"什么什么？怎么回事？"

"他儿子在夏令营，刚才那边打电话来说找不到孩子了。Patrick 脸色都变了，立马就冲出去了。"

"怎么可能发生这种事情？！孩子多半在一时贪玩在什么地方耽误下了，估计不会有事。这个年纪的男孩，总是不让人省心。"我这么说其实没什么根据，只是缓解一下紧张气氛。

不过还真叫我说对了一半。没过多久，Patrick 发了邮件过来，说孩子找到了，正在跟警察谈话，没什么大事。

我没说对的那一半是事情的起因。原来这是夏令营组织方摆了一起乌龙，孩子压根没丢。

Patrick 跟许多同事一样，家离公司有几十公里路，每天坐火车上下班。夏令营跟平时上学一样，正式开课的时间得到九点左右，下午四点左右结束。而 Patrick 为了赶火车七点多就得把两个孩子送到学校，下午最早也得五点以后才能去接。因此学校提供一早一晚的额外服务 (before school, after school program)，需要另外付费。

这天早上，跟平常一样，Patrick 把两个孩子送到学校，签字，离开。课前活动 (before school) 结束，夏令营的第一节课在九点钟正式开始。暑期的夏令营，孩子们通常每周都有不同的安排，昨天是新课程开始的第一天。课程注册的时候不知道哪个环节出了问题，Patrick 七岁的小儿子 K 同时出现在了两个不同课程的名单上，这两个课程都是九点开班。小 K 同学乖乖地去了他以为他应该去的那个班，可他不知道的是，另一个班的老师也在等他。

没等到，老师急了，按照既定程序查看了 before school program 的登记资料，找到了 Patrick 早上送小 K 和他姐姐到校的签字记录。再一查，十岁的姐姐正在她自己的班上。"看见弟弟了吗？""没有看见。"这还得了，孩子准是丢了。

这边厢，老师给 Patrick 打电话，"我们很抱歉，但是我们发现你儿子 K 不见了。"

"你们到处找过了吗？小 K 是一个胆小的孩子，他不敢到处乱跑的。唯一的可能性是他上卫生间或者别的什么地方，出来走错了路，那他肯定还在这栋楼里，你们带着他姐姐一块儿到处找找。"Patrick 虽然着急但还算冷静，在电话里帮校方分析。这个夏令营所在的是一所很大的房子，小 K 从来没去过，在楼里走丢了也是保不齐的。这个夏令营集中了很多不同年龄段的孩子，为确保安全，校方做足了功课。下午放学，家长必须出示身份证明才能把孩子接走。正因为有这些保障，Patrick 没有惊慌失措，心里还是觉得孩子走出校外的可能性非常小。

"呃，为保险起见，你还是尽快过来一趟吧。"电话那头老师坚持说。

被老师的紧张气氛影响，Patrick 扭头就走，一边走一边给在两条街以外工作的妻子打电话。这个时间，火车班次挨不上，好在 Partrick 太太的同事挺身而出，开车送他们直奔五十公里外的学校。

那边厢，学校启动了他们的 emergency protocol（应急程序）：一方面打911 报警电话，一方面把所有小孩集中在体育馆里面，几百号人，乌鸦鸦的一片。小 K 的姐姐跟着老师和警察在体育馆里面张望。"看见你弟弟了吗？"

"没看见。"老师担心弟弟"失踪"会给姐姐带来心理创伤，也没告诉姐姐发生了什么事，装作漫不经心地要姐姐在体育馆里面看看弟弟是不是在台下。姐姐也就漫不经心地看了一眼。

"弟弟穿的什么衣服？"老师找到了弟弟注册时的照片。

"蓝色短裤，灰色 T 恤，上面有只恐龙。"

老师按图索骥，发现了小 K。"你是小 K 吗？""是的。""你到台上来一下好吗？"

小 K 到了姐姐身边，老师再问姐姐"这是你弟弟？""是。"

呜呼，一场虚惊。

事情还没完，警察已经来了，总得把事情搞清楚。

"你刚才去哪儿了？"

"我在教室。"

"一直在教室？"

"是的。"

"哦，没事了。爸爸妈妈来了，你跟爸爸妈妈聊聊吧。"

Patrick 接过话头，"你知道为什么警察会跟你谈话吗？"

"不知道。"

"老师刚才以为你走丢了，所以警察叔叔来帮忙找你。你现在感觉怎么样？"

"我很好。"

"好吧，那你回去接着上课吧。"

听 *Patrick* 讲述上面的这个故事，大家不免感叹学校有些小题大做了。暂且不论注册的时候为什么同一个孩子在同一时间出现在两个不同活动的名单上而没有人发现，整个过程中，当一个班的老师发现少了一个孩子，没有人去核对过其他班的名单。这些，跟我遇到的学校没有核对假期中收到的邮件而造成误会非常类似，在流程方面显然都有改进的空间。

另一方面，紧急状态下学校与家长的沟通机制、第一时间启动报警、第一时间开展搜索，这些都是为确保万无一失而不惜代价的思路，用一句通信术语，叫做增加冗余值来换取系统稳定性。有时候这是一个在效率和安全性之间如何取舍的问题。95% 安全够不够？想要 99% 安全，比起 95% 安全，增加的安全性是 4%，增加的成本可能是好多倍。

特别值得点赞的是，在搜索过程中学校没有把弟弟"失踪"的消息告诉姐姐，从保护孩子心理不受创伤的角度也算是心思细密。

回到我们自己的故事。跟学校和警察一通沟通，我们马不停蹄，小姑娘倒是睡着了一点不知道。早上醒来，意识到她人生的第一次中国之旅即将结束，也是时候表达一下对加拿大的思念了。

小姑娘问我："爸爸，我们今天去哪儿玩儿？"

"今天我们要坐飞机回加拿大了呀。"

她张口就来："我已经想我的老师了。"

发烧

　　发了两天烧，周末就没出门。三岁半的小孩，午睡时间越来越短，要想趁她睡觉的空干点什么，是越来越难了。没承想，病将好未好的时候，睡得倒是很甜。天气也不算热，一个难得的安静的夏日午后。我在院子里看书，妻趁这空做了好些纸杯蛋糕，准备等女儿醒了，大家一块用奶油装饰这些蛋糕，也是一项家庭娱乐活动。

　　一觉醒来，看见蛋糕，小姑娘来了精神。于是分派任务，我负责切草莓，妻调制奶油，装进裱花枪。小姑娘见没她的事儿，不干了："爸爸，我也要切草莓。"

　　她妈妈拿出一把塑料蛋糕刀："给你这个吧。"

　　小姑娘切起草莓像模像样。没过一会儿，叫我："你看我把草莓都切了。"

　　"哇，不错，切得这么小。"我说。

　　"我三岁半了，我长大了，我可以帮你们干活了。"

　　"你很棒！"

　　"可是索菲亚说我三岁半还小。"她委屈地说。

　　到她的游戏房玩了一会儿，又跑进厨房："妈妈，爸爸和我都馋了。"

　　我笑着说："你馋了就说你馋了，拉上我干嘛？"

　　妈妈对她说："你先吃一个吧，但是你得先喝水才能吃，医生爷爷说病了要多喝水。"

　　这句话是我们的法宝。小姑娘不怎么爱喝水，可是每次一听见这句话就乖乖的喝了。这也是实话，每次伤风感冒去看医生，都是让回家喝水，从来不给药。

　　加拿大看病跟中国不同，除非急诊，平时是不去医院的。有家庭医生 *(Family Doctor)* 的去预约家庭医生，没有家庭医生的去诊所 *(Walk-in Clinic)* 排队。这是全科医生 *(General Practice Physician)*，一般的病他们都会当场处置，如果有需要，则会帮你转去专科医生 *(Specialist)*。小孩既可以跟父母一样去看家庭医生，也可以看儿科医生 *(Pediatrician)*。

　　当初选儿科医生的时候，纠结了很久，上网查询医生的资历、病人对医生的反馈、评分，好容易有一个看上去不错的医生，还不一定接收新病人。最后我们决定采用就近原则，找了一位离家最近的医生。事后证明，这个决定实在是太英明了。医生离得近，不用在寒冷的冬天带着病中的小孩在路上奔波。托儿所也在诊所边上，有时候需要做个检查可以半路从托儿所把小姑娘接出来看完医生再送回去。

　　方便真是最重要的，没有之一。为什么呢？多数时候孩子发烧医生都不会给药，甚至也不做化验，只是需要做一些常规检查以确定发烧的原因。不查血，这位白发的医生通常都是凭经验判断，一个重要的判断就是发烧由细菌还是病毒引起。如果是细菌感染、发烧时间超过三天，会给抗生素。如果是病毒，那就回家喝水，因为抗生素对病毒没有作用。温度太高就物理降温或者吃点泰诺 *(Tylenol)* 布诺芬 *(Ibuprofen*，加拿大常见的牌子是 *Advil)* 之类的非处方药。

　　进了托儿所，尤其是冬天，小孩子互相传染很厉害。在托儿所过了两个冬天，大大小小的发烧拉肚子经历了好多次，只有一次中耳炎开了处方药。所以每次发烧我们都很纠结要不要带她去看医生——去了多半是白跑一趟，不去又不放心。

　　夏天白跑一趟也就算了。在多伦多寒冷漫长的冬天带着生病的小孩出趟门，真不是一件容易的事。有一次发烧，正赶上零下二十几度的天气，路上都是雪，风吹得呼啦呼啦的。以我们的经验估计是一般性的感冒。如果临时约儿科医生估计得在诊所排好半天队，去儿童医院看急诊，大雪天里还得开好远的路，到了以后排队不说，发烧不到三天急诊医生连血都不会查就把你打发了。出门一趟，等上老半天，最后还是回家喝水。这么冷的天出去，孩子也遭罪，想想有点不值。但是不看医生又怕有什么其他问题。

突然想起有朋友告诉过我们多伦多有上门医疗服务 (*medical house call*)，费用由政府的医疗计划支付。打电话试了一下，说下午 4 点到晚上 11 点之间会有医生来我家。电话很难打通，接电话的人态度也不怎么好，再看看人家给的这个时间范围，我也是醉了。不过，比起在这么冷的天带生病的小孩出门，还是忍了吧。

等啊等，晚上 9：50 终于有医生打电话来说半个小时以后到。放下电话，老婆问我医生是不是个老头，估计只有赚够了钱快退休的老医生才会这么热心公共服务，放着诊所里面那么容易赚的钱不赚，出来干这费力不讨好的事。我们还议论说估计医生家离我家近，所以他把我家排在最后，看完了就顺道回家了。

如电话所说，半个小时左右门铃响了。打开门，吓了我一跳。虽然我们已经估计是一位老医生，但是没想到这么老。个子不高，背佝偻着伸不直，脸上的皱纹和老年斑交织在一起，少说也有八十岁。说话中气倒是很足。进了门，我连忙接过他的手提箱，好重。我家的门廊很窄小，我们一般是在门外的椅子上脱鞋。老人大概是坐下不方便，不愿意坐，就一手扶着墙一手由我搀扶着站着脱了鞋。女儿早已经在楼上睡了，我们还没有意识到医生走路不大方便，就请他到楼上卧室里去看病。老人拒绝别人搀扶，要我们先上楼，然后自己扶着扶手颤颤巍巍地挪上了楼。听诊器拿出来，手都在抖，很明显不是帕金森病的那种抖，只是年老体弱的抖。检查完了，心肺什么的都正常，扁桃体也没发炎，交待我们多给她喝水，回答了我们一些问题。动作虽然缓慢，回答问题却解释得非常仔细。看我们给孩子吃非处方的退烧药，连连嘱咐温度降到 $38°C$ 以下就别吃了，说是把热发出来有好处。

老人收拾东西，说还有下一家病人要去看。我于是随口问他住在哪里，完全出乎意料，不在我家附近，有五十多英里的路（加拿大一般使用公里，但是有些年纪大的老派白人习惯说英里，五十英里大约是八九十公里）。这时候才意识到他应该不是自己开车，不然以他的身体状况和这样的天气，我还真不放心让他开这么远的路。果然有一个司机在门外等他。送老人出门，也向司机致谢，要是知道他在外面等着肯定请他进来休息了，零下二十度，就算车里有暖气也不好受。

这么大年纪的老人，这么冷的天，这么晚了，上门出诊，实在很让我们感动。使用这项服务的多数是有小小孩的家长或者行动不便的老人，特别是在这种恶劣天气下。老人和那些跟他一样热心服务的医生给我们带来的不只是方便，还有这个寒冷冬夜里的一丝暖意。

好在现在是夏天。虽说这么舒爽的一个夏日午后不能出去玩有点浪费，总比大冬天孩子生病的那种种麻烦要好得多。

小姑娘在家待腻了，对我说："我想去游泳。"

"你发烧呢，今天不能去。"

她倒也不坚持，说："那我们去玩积木吧。"

"医生爷爷"

加拿大看病跟国内不同，医院里永远看不到人头攒动的景象。除了急诊，平时是没有人去医院的，去了也挂不着号看不上病。医院里除了做手术就是提供一些大型检查设备，而这些都需要通过医生跟医院预约。平常看病，大家都找自己的家庭医生 *(family doctor)*，没有家庭医生的去那种不需要预约的小诊所 *(walk-in clinic)*。这些都是全科医生，一般的病情，他们在自己的诊所里就处理了，如果有需要再由他们把病人转给专科医生 *(specialist)*。

儿科医生 *(pediatrician)* 的角色介于全科医生和专科医生之间。说他们像专科医生，是因为他们术业有专攻，并不接诊所有病人。有的只看小儿科，有的从新生儿一直看到十几岁的青春期，还有的不是专看儿科，而是妇产科医生从产前照顾妈妈延伸到产后为两三岁以前的新生儿提供医疗服务。我家小姑娘的儿科医生属于第二种，两位老医生合开了一家诊所，名字就叫儿科和青春期诊所 *(Paediatric and Adolescent Clinic)*。

事实上，儿科医生起到的作用更像是全科医生。小病人的一切基本卫生保健问题都由儿科医生负责，遇到更加专门的问题也是由他们转诊到专科医生。也有的孩子不看儿科，而是跟父母看同一个家庭医生。最大的不同大概是儿科诊所会在候诊室放些儿童玩具和书籍，看完病医生爷爷给发块棒棒糖。

看儿科医生的流程跟看家庭医生类似，每次去都需要提前打电话到前台预约。电话通常都没人接，而是语音信箱，留言以后工作人员有空的时候会打回来。一般来说，年轻医生的门诊时间会长一些。有点资历的，很多人都在医学院兼课，诊所就不能全天开门了。我们的这位儿医大约是年纪已经大到不再从事教学了，门诊时间还挺长，而且每周有两天傍晚到七点半才关门。

这两个晚上即使没有预约也可以去，等候时间会长一些，但医生一定看完才下班。对不太严重的病情，夫妻两个人都得上班的家庭，这在加拿大实在是很难得的方便。

接诊时间固然重要，当初我们选择这位大夫最要紧的原因却不是这个。女儿出生以前，太太做了很多功课，到各种网站查找儿科医生的资料。挑来拣去，选出几位中意的医生，电话打过去，对不起客满，医生不收新病人了。加拿大全民公费医疗，政府根据医生接诊病人的数量支付医疗费用给医生。出于对医疗质量和其他种种因素的考虑，政府为每年支付给每个医生的费用设置了上限，因此医生接治的病人也有一定限额。口碑好、诊所位置方便的医生往往供不应求。接连碰壁之后，太太决定就近联系一位儿科医生，于是找到我们现在的这位 M 大夫。孩子出生以后我们才意识到诊所离家近有多么重要，尤其在大雪纷飞寒风凛冽的疾病高发季，带着那么小的孩子出门看病可不是一件容易的事。

除了近，我们的这位 M 大夫其实在各种网站上的评分也相当不错。当初不是我们的首选，是因为我们着力想要一位华人医生。英文毕竟不是我们的母语，跟医生交流起来不那么方便。可惜多伦多虽然华人众多，华人医生却仍然很少，找个说中文的家庭医生不难，华人儿科医生就真是凤毛麟角了。

说到病人给医生打分，这并不是官方的评价体系，而是类似于淘宝买家给卖家打分，纯属病人自发的交流信息。官网也能查到医生信息。医生协会的网站上有全省每一个执业医生的基本信息，包括哪年从哪所医学院毕业，哪年拿到行医执照，又是哪年拿到专科医生的执业资格，等等。更重要的是，如果医生受到过投诉或者被医生协会调查过，官网上都会有记录，任何人都可以查到。而病人给医生打分，最著名的网站就是 *ratemds.com*。在这个网站上，病人可以分门别类地根据自己所在的地区找到不同专科的医生，不但打分，还写下几句评论。

细读病人的留言，其实也能体会到加拿大人在看病这件事儿上跟国内的观念有所不同。女儿四岁了，四年下来，我们从这位 M 大夫嘴里听到最多的话就是 *"that's normal"* （这是正常的），*"don't worry"* （不用担心），*"no need to do test*"（不用做检查），"*let her drink more water, no need to take medication*"（给她多喝水，不用吃药）。刚开始，初为人父母的我们听到这些话自然是不放心，私下里对医生也颇有微词。时间长了，听他说的都对，没出过什么岔子，也就接受了医生的这种风格。直到有一天，太太跟她的一位同事聊天，发现对方的孩子也看这位 M 大夫。那个同事对 M 大夫推崇备至，她最欣赏 M 大夫的一点就是不乱开检查，不给做父母的没事儿找事儿。听到这样的评价，我们不禁哑然失笑。

在 *ratemds.com* 网站上看了看病人对 M 大夫的评价，发现与那位同事持同样态度的大有人在。

一位带孩子看了 M 大夫 15 年的家长写道：

He is not a doctor that will be quick to order additional testing for concerns that are minor as they can be typical for development but he will investigate if needed.

（他不是一个为一点小事就马上开化验单的医生，因为有些情况在孩子发育过程中是很典型的。但如果需要他会检查。）

另一位写得更加直白：

Good doctor. Won't waste time if he knows your child is fine. Which is good cause it's less stressful for baby.

（好医生。如果他知道你孩子没问题他不会浪费时间（去做化验）。这样挺好，因为宝宝少受折腾。）

当然也有父母跟我们一样经历了从怀疑到信任的过程：

At first, I was a bit apprehensive because he speaks very quietly and doesn't talk a lot. Over time, this apprehensiveness subsided and I now have full confidence in him. Whenever any of my kids have an issue though, he always knows what the problem is.

（一开始我有点焦虑，因为他说话总是一副波澜不惊的样子而且话很少。随着时间推移，焦虑减少了，现在我对他完全信任。每次当我的孩子有问题的时候，他总是知道是什么问题。）

这个网站上的打分除了评价医生的专业水平之外还有一项分数是打给诊所的员工。这是因为加拿大的医生多数都是自己开诊所，前台工作人员的态度直接影响着病人就诊的心情，她们的效率也直接影响预约的成功率和等候的时间，而且诊所里面大大小小的后勤事务也是由她们负责。

M 大夫的诊所里，除了他自己的办公室，还有三间不大的门诊室。按照约定的时间，带着孩子到了诊所，前台阿姨会把同一时间段的三个孩子分别带到三间门诊室里，各自的病例放在门诊室外墙上挂着的小格子里。大夫取下病历，走进门诊室，关上门，开始看病。看完了出门，病历放回原处，再进下一间门诊室，而前台阿姨带下一位病人进来的时候会取走前面的病历归档。诊所就这样马不停蹄地高效运转着，病人的隐私也关在了门诊室里，除了医生，没有其他人看到或听到。

门诊室的设计也跟国内的医院不同，没有写字台，里面靠墙放着一张做检查用的床。床头放着一大卷白纸，前台阿姨的另外一项工作就是把白纸铺开来摊在床上权作床单，病人离开以后，撕下扔掉，再铺一张新纸。前些日子带女儿去做体检，在门诊室里等候医生的时间，小姑娘突然对这卷白纸产生了兴趣，问："爸爸，医生爷爷也有妈妈吗？"

"有啊，每个人都有妈妈。"我回答。

"医生爷爷的妈妈病了是医生爷爷给她看吗？"

"那我不知道。可能不是吧，你的医生爷爷是专门看小朋友的。"

她突然指着床头那卷快用完了的白纸说："纸用完了是医生爷爷的妈妈去买吗？"

我忍住笑回答说："不是的，是刚才前台的那两个阿姨去买。"

"那是医生爷爷付钱吗？"

体检完了，我把这事告诉"医生爷爷"，M 大夫莞尔一笑，对小姑娘说："*Don't worry. I have a lot of paper.*"（别操心，我有好多纸呢。）

花生记

花生在我家是件大事。一岁到四岁，整整三年，因为过敏，我家小姑娘被禁食花生。禁食不只是禁食这么简单，包含了好几层意思。

首先当然是不能给她吃花生，从花生酱到宫保鸡丁一类的菜再到任何含有花生的零食，都不能给她吃。在加拿大，花生酱可以说是家家必备的食物，香甜可口营养丰富，更重要的是小朋友都喜欢吃。一岁以前，我们几乎没有让她接触过花生制品。近二十年来，小孩对花生和坚果过敏屡见不鲜而且常常可以严重到致命的程度。许多食物过敏的小孩子长大以后就自然脱敏了，因此儿科医生最初给我们的建议是在一岁以前不要接触容易引致过敏的食物。小姑娘第一次接触花生是她快一岁的时候，我们试着给她吃了一些花生酱，没想到吃完身上就发了红疹子。当时抹了些普通的湿疹药膏，第二天就好了，我们也没太往心里去。不久以后的例行体检，跟医生提到这事。这位经验丰富的老医生，平时我们不管跟他说什么，都是一副见惯不惊的样子，"没什么"、"这很正常"永远是他的口头禅。而这一次截然不同，一听到过敏反应立刻如临大敌，当即下达了不准吃花生的禁令，开了紧急情况下使用的急救针药，并马上预约了过敏专科医生。

花生过敏在国内极为罕见，医生的这些举动未免显得有些滑稽。不过如果你知道这事在加拿大的普遍程度和严重程度，就不再会觉得这是小题大做。不只医生这样做，相关法律也规定食品包装上必须明确标识可能含有的过敏原。在严格的法律框架之下，一些厂商为求免责，甚至会在包装上写上"本产品不含花生，但我们不能保证该生产线没有生产过其它含有花生的食品"。所以花生禁食令的第二层含义是我们在采购时必须仔细阅读标签上的所有文字。这件事给我最大的挑战是每年中秋节买月饼，不管大陆、香港、台湾还是加拿大本地厂家生产的月饼，要想找到一盒没有花生油的，不说是大海捞针，也容易不到哪儿去。

不买不给还不够，第三步还得教育小姑娘不吃花生。每次外出吃饭我们点菜的时候都会特别小心不点可能还有花生成分的菜，有时候还需要跟服务员反复确认。久而久之，小姑娘自己也明白了，倒不需要我们时时提醒。

这些都是防患于未然，可不怕一万就怕万一，所以还得有个应急机制，这就是急救针药 *Epi-Pen*。这种针药有一个专利包装，急用时拔下盖子就可以往身上注射，不用脱衣服，使用者也不必受过医学专业训练。跟所有有过敏病人的家庭一样，这种针药在我家是常备的，家里备一支随身带着，幼儿园还得放一只。搞这么大阵仗真的有必要吗？我们也问过医生，小姑娘的过敏到底有多严重，答案是不知道！医生说过敏只有有和没有的区别，不分严重程度。每一次过敏的反应都是无法预测的，这一次可能只是出疹子，下一次说不定就会导致呼吸困难，因此这种急救针药是必备的。

这个救命的针药在 2016 年还成了美国的一个政治事件。独家拥有 *EpiPen* 美国经销权的 *Mylan* 公司在几年里面把价格提高了 5 倍，一支针剂居然要卖到超过 600 美元。由于过敏的高发和这种针剂在急救中的不可替代性，高昂的价格成了美国儿童生命安全的重大威胁，以至于国会发动了对 *Mylan* 公司价格行为的调查，一众政客围绕此事大做文章，一时间闹得沸沸扬扬。

加拿大倒是没有这样的问题，一只 *EpiPen* 的价格一直稳定在 120 加元左右。加拿大是一个全民免费医疗的国家，但政府的医疗保险只包括看病、检验和住院，不包括门诊药物的费用。跟中国药价贵门诊费用相对便宜的情况不同，加拿大医生收取的费用很贵药物相对便宜，许多处方药的价格远低于中国，所以自己负担药费对多数加拿大人来说是完全可以承受的。加上公司为员工提供的商业医疗保险，自己需要负担的部分非常少。

相对于其他药物来说，这个 120 加元一只的 *EpiPen* 还是比较贵的。每个公司的员工福利不同，也不是人人都有公司提供的商业保险，所以对于低收入家庭来讲，这个买了不一定能用上、放一年就过期还得再买的针剂也许还是要三思而后买的。

2018 年伊始，安大略省推出全新政策，为 25 岁以下的儿童和青年免费提供处方药。免费的范围覆盖了常用的过敏针剂 *EpiPen*、糖尿病试纸、哮喘喷剂等等。这下子好了，所有人不论有没有额外商业保险，只要有医生处方的，全都涌进药店买 *EpiPen*。药店工作人员告诉我，没人只买一只，都是两三只一块儿买，幼儿园放一只，家里放一只，出门的包里再放一只。

在政府的新福利出台之前，女儿的 *EpiPen* 一直以来都是由我和妻子公司的商业医疗保险支付的，我们从来没有自己掏过腰包，所以没太留意新政策从 1 月 1 日起实施。刚巧这时候幼儿园里常备的那只 *EpiPen* 过期了，我去药店买，没想到由于太多人买药，居然卖光了，药店缺货。

我们着急，幼儿园老师也着急。早上送孩子的时候，老师追着问什么时候能把新的 *EpiPen* 送过去。按照幼儿园的规定，有过敏情况的孩子如果没有 *EpiPen* 备用，幼儿园是不能收的。着了几天急，终于等到了药店的电话，到货了。这才松了一口气，赶忙取了药送到幼儿园。

幸运的是，跟多数花生过敏的小孩一样，随着年龄增长免疫系统逐步发育完善，小姑娘开始显露出不再过敏的征兆。虽然医生说每次过敏的反应不可预测，但过敏原达到什么浓度才会诱发过敏反应，似乎还是有一定规律可循的。比如我们在新闻中听说过很极端的案例，有人在咖啡店买了一个没有花生的甜甜圈，但不巧的是这个甜甜圈在货架上碰到过其他含有花生成分的食物，就这么一点点，小孩吃了过敏致死。我一位同事的小孩也经历过类似的险境，没吃花生，只是家里有花生给他碰到了，马上过敏到呼吸困难，幸亏抢救及时才没有送命。从此以后，他再也不敢把任何含有花生的东西带回家。我家小姑娘似乎从来没有敏感到这个程度，我们家一直是有花生的，只是不给她吃。甚至到后来饭桌上会有些菜是用花生和其他食材一块儿烧出来的，我们试着给她吃碗里的其他食物，只是不吃花生，也没有观察到任何过敏的反应。于是在我们的要求下，医生安排小姑娘再一次走进过敏专科诊所进行测试。

为了确保万无一失，测试的复杂程度远远超过我们的想象。第一步是皮试，医生把含有过敏原的试剂涂在她的手臂上观察有没有过敏反应。虽然有点紧张，小姑娘倒是含笑而对。一切正常。第二步是验血。我们事先也不知道会有这么一下子，没有提前给她做任何心理准备。勇敢的小姑娘绷着嘴、咬着牙、鼓着腮帮子，居然没哭！

回到家，我问她："今天跟妈妈去看医生怎么样啊？是不是很勇敢？"

"爸爸，阿姨抽我的血我都没哭。"她说。

"你怎么这么棒？"

"妈妈奖励我一个糖！"小姑娘高兴地说。

"太棒了！"

终于等到验血结果，还是一切正常。这还不算完，还有第三步。这一步，我们要带着小姑娘去一家具备一切急救设施的大型医院，去了只干一件事——吃花生。有了上次抽血的经验，小姑娘有点忧心忡忡："我明天去医院会抽血吗？"

"不会的，上次已经抽过了。"我很肯定地说。

"那会打针吗？"

"不用，你就去吃花生酱就行了。"

"真的花生酱吗？不是假的那种？"她追问。因为花生过敏的孩子太多，一家食品公司专门开发了花生酱的替代品，用黄豆烤制以后做成颜色味道都接近花生酱的"花生酱"。小姑娘吃了不少这种假花生酱，所以有此一问。

我说："是真的花生酱。"

"为什么？"

"因为你已经长大了，不过敏了。去医院里吃了真正的花生酱让医生观察一下，如果你不发疹子没有过敏的反应。以后你就可以天天吃花生酱了。还可以吃花生，花生可好吃了。"

小姑娘跟着妈妈去了医院。虽然事先已经得知有可能需要在医院观察一整天，但"吃花生"的步骤之复杂再一次超出了我们的想象。先吃一小口，观察半个小时。确认没有问题，再吃多一点，再观察一个小时。再次确认没有问题，接着一口气吃了两整块涂满花生酱的饼干，再观察一个小时。总算完了。临走，医生还不断嘱咐，今天不能再吃花生酱了，回家还要继续观察，如果没有问题，明天再给些花生酱吃，一星期吃上几次，然后逐步给花生吃。小心小心再小心，医生的原则是宁可错过花生，千万不能出问题。

不过这下子总算是开了禁，小姑娘兴奋得不得了，天天嚷着要吃花生酱。在她眼里，能吃花生跟长高一厘米或是新学会一首歌一样，都是长大的象征。第二天晚饭吃烤鸡肉串，这是小姑娘爱吃的为数不多的几样肉食之一。为了增加吸引力，她妈妈突发奇想，让她把鸡肉蘸着花生酱吃。这下子小姑娘可来了劲，不但自己吃还非要让她妈妈也这么蘸着吃。

"妈妈，*Is it yummy?*" 她问。（好吃吗？）

"嗯，好吃。" 她妈妈回答。

"*See, I told you.*" 她得意了。（瞧，我跟你说好吃的。）

过敏的原因在医学界尚无定论，因此也没有根治的方法。来加拿大以前，花生过敏对我来说是闻所未闻。女儿诊断出过敏以后我请教过我的一位在国内做了一辈子儿科医生的姑妈，出乎我意料的是，她在几十年的职业生涯中从来没有遇到过花生过敏的小孩。退休多年的姑妈一直把这事记在心里，后来跟老同事聚会时还特意向现在仍在执业的同事咨询，得知现在国内也发现了越来越多花生过敏的小孩，不过发病率还是不能跟加拿大相提并论。我又跟土生土长的加拿大同事聊起这事，一些上了年纪的加拿大人也感到困惑，因为在他们年轻的时候从来没有听说过有人花生过敏。再聊得多些，更有人指出食物过敏泛滥只是加拿大特有的现象，在欧洲乃至近邻美国都没有这么普遍。

于是大家纷纷猜测原因，关于食物，关于环境，莫衷一是。我的邻居是一位家庭医生，偶然间跟他聊起才知道这事另有玄机。医生邻居的父亲也是医生，而且是一所医学院的教授，父子两代经历了加拿大医学界几十年的沧海桑田。他告诉我最近加拿大医学会修改了给临床医生的指导意见，来了个一百八十度大转弯。过去二十年中，医学会告诉儿科医生尽量推迟让新生儿接触易过敏食品的时间，一岁以前不要接触，等孩子大一些免疫系统发育成熟再吃。而现在的指导意见是尽早接触，六个月以内的小孩就要接触，越接触得早越不容易过敏。医生邻居还给出了一个旁证，现在加拿大哮喘的发病率也越来越高，但农村里从来没有人得哮喘，估计也是因为他们生活的环境更容易接触到各种诱发哮喘的过敏原。

我没有医学知识，无法判断医生邻居的话是否合理。说不定再过二十年医学会的指导意见又改回去了呢？管它呢，好在我家小姑娘不再过敏了。

补牙记

　　"安吉拉小朋友在吗？"温和的声音是从手术等候区的一个角落传来的。寻声看去，一位头发花白，戴着黑框眼镜，面容慈祥的老太太微屈着膝盖，半弯着腰，向我们这边望过来。偌大的等候区只有这一个小女孩，显然不难找。我连忙放下手里没讲完的故事，带着小姑娘走过去。

　　"你好呀，安吉拉，你是来参加睡衣派对的吗？你身上的这件小熊睡衣可真漂亮。"

　　小姑娘显然有些紧张，让我分不清她脸上的笑容是为了掩饰起伏的心情而故作镇静还是因为听到"睡衣派对"而不经意流露出一丝好奇。

　　老太太接着说："我是安妮护士，别担心，过一会儿他们会把整个过程弄得很好玩。"

　　"听见了吗？"我说："这是个睡衣派对，会很好玩的。"

　　"可以把你的手给我吗？"安妮护士把手环上的姓名、年龄等信息跟电脑上的资料核对了一遍，确认无误后开始进行术前的常规检查。

　　"我有一个小夹子，像是小怪兽的嘴，他想要吃掉你的两个手指头，可以吗？"她把一台小仪器拉了过来，上面的夹子夹在小姑娘的手指头上，屏幕上显示出脉搏、血氧浓度等参数。安妮护士又拿出仪器上连着的一根比家用体温计略长些的金属小棒，说："这是另一头小怪兽，他想看看你胳膊下面有没有夹着一块披萨。你能帮我把它放到胳膊下面吗？"

　　做完这一切，安妮护士向我再次解释手术室的流程。"过一会儿会有人来带你们去手术室外面，家长可以跟一个人进去。天呐，她是这么可爱的一个小人儿。"

　　"好的"，我说，"然后就让她'睡觉'吗？"

　　"是的，然后牙医和麻醉师会来向你们解释所有安排，他们会把小姑娘带进手术室，家长就可以离开了。你还有问题吗？"

　　"麻醉的时候他们会给她带一个面罩吗？还是也需要注射药物？"

　　"先给她吸一些气体，等她睡着以后才输液，所以她不会感觉到的。"跟我解释完，安妮护士又转头对小姑娘说："你会带一个面具，就像太空人一样，很酷的。"

　　将要像太空人一样酷的小姑娘再次露出一个不太自然的微笑。

　　事情还得从三个月前说起。

　　这天我正上着班，突然接到一个电话，自称是政府工作人员，向我通报我家小姑娘当天在幼儿园进行口腔健康普查的结果，非常直接地指出他们发现小姑娘有清晰可见的龋齿。我听了很是有些惊讶，因为小姑娘半年一次到牙医诊所检查、洗牙，最近一次不过两三个月以前，牙医并没有发现龋齿。我的第一反应是工作人员把资料搞错了，张冠李戴，那么回头搞搞清楚就行了。不过工作人员在电话那头并不想轻易放弃，明确告诉我她会邮寄一份资料到我家，我必须马上带着这份资料去看牙医，牙医必须在 10 个工作日内把表格寄回。

　　下午到幼儿园接小姑娘放学，拿到了普查结果的反馈，白纸黑字还真是写着有可见的龋齿，既不是怀疑也不是潜在危险，而是已经确认。我也一下子懵了，赶快联系牙医检查，心里却还藏着一丝侥幸——普查的工作人员毕竟不是牙医，说不定搞错了呢？

　　说到这个普查，需要介绍一下加拿大的医疗体系。加拿大实行全民免费医疗，费用和医疗服务的提供由各省政府负责，因此全国各地居民可以免费享受的医疗服务并不相同。在绝大多数省，牙医不在免费医保范围之内，而牙医费用常常很贵，故而政府推出了专项计划来保障儿童、老人等高危人群能够得到有效的口腔健康服务。定期派出专业的口腔卫生师到学校和幼儿园进行普查就是这项服务的一部分。一旦在普查中发现龋齿等问题，法律要求工作人员必须联系家长直到确认孩子得到了妥善诊疗。对于无力负担牙医费用的低收入家庭，安大略省政府还推出了"健康微笑"计划，为符合低收入标准的家庭 18 岁以下少年儿童看牙支付相关费用。

在电话里，工作人员一再向我确认是否有足够的经济能力承担小姑娘的牙医费用，并一再提示她寄来的资料中有财务资助项目的申请表格。好在我们夫妻两人工作单位的员工福利都提供牙医保险，这方面暂时不必担心。

几天以后我们来到小姑娘平时做检查的牙医诊所。两张 X 光片拍出来，龋齿是板上钉钉了，而且有很多个龋洞需要填补。看到这个情况，我很是不解，不是两三个月以前才检查过吗，难道这么短时间就起了变化？牙医解释说，这么小的孩子，牙齿珐琅质很薄，口腔酸性物质有可能腐蚀得很快。而且这种腐蚀并不一定是常吃糖才会发生，日常饮食都有可能造成龋齿，因此不但要每天两次刷牙，还必须每天用牙线清洁。

事已至此，只能寻求解决办法了，于是牙医跟我讨论治疗方案。

方案一在我的理解能力之内。龋齿那就补呗，谁小时候还没补过几颗烂牙呢？不过，牙医的话唤起了我自己一段痛苦的童年记忆。牙医告诉我，这么多龋洞没有办法一次补好，需要至少三到四次，每一次都需要孩子配合，每次补完之后都会有几天不适。这个年龄的孩子很难跟医生合作，即使第一次配合了，第二次第三次拒绝的大有人在。这真是与我心有戚戚焉。我在小姑娘这个年纪有过很多次进出口腔医院的经历，以至于直到现在一听见牙医仪器那种滋滋的响声都会心头一紧，洗牙也是能拖就拖。

方案二就是为了避免这种不愉快的就诊体验。这个方案就是全身麻醉，在孩子不知不觉中一次性补好所有龋洞，麻醉醒过来就一点感觉都没有了。为了龋齿这么点"小事"给这么小的孩子做全身麻醉，我有点犹豫，但一想到自己小时候补牙的那种痛苦和由此产生的对牙医的恐惧，心里面其实已经倾向于这个方案。

好在牙医并不催我做决定。虽然他推荐全麻方案，但他自己不是专门的儿科牙医，不能施行这样的手术，便介绍了两位专业儿科牙医给我。

小姑娘有一个好朋友 M，我们两家常在一起玩。M 的妈妈是一名资深的护士，在中国执业多年，来到加拿大又重新接受这里的护士训练和资格考试，在本地也是执业多年。有了中加两国的经验，加上自己又是母亲，她当然为我们所信赖，医疗健康方面的问题常向她请教。不聊不知道，原来 M 一年前也接受了同样的治疗。身为护士，M 妈妈比我们更加明白全麻可能出现的风险，但同时也比我们更加清楚这是一个无痛苦的治疗方案。有了 M 的现身说法，我们终于决定采用这个方案，并且在 M 妈妈的推荐下决定去看看为 M 做手术的这位儿科牙医。

第一次到诊所，牙医确定了治疗方案。由于全麻需要麻醉师配合，要等医院手术室排期，并不是马上就能安排。为了防止龋齿继续恶化，牙医在小姑娘的龋洞里涂抹了一些药物，至少在等候期间不必担心。

从小姑娘进手术室，我和她妈妈就只能在外面等着了，看着电视屏幕上显示的号码来了解手术的进展——粉色号码表示手术中，浅蓝色表示手术结束在麻醉唤醒区，深蓝色才是回到等候区可以让家人陪伴。

小姑娘再次出现在我们面前的时候已经从麻醉中苏醒过来了，不过还不大有精神。

"她可棒了，"推她出来的护士跟我们说，"非常勇敢，一个人的时候也没哭。"

另一位护士过来接手，量了体温、血压。"怎么样，小姑娘，要不要来一个冰棍？喜欢什么颜色的？"

"蓝色。"

护士把冰棍拿过来。手术室的值班医生也过来查看，再次做了一些常规检查，告诉我们："她已经没有问题了，再休息一会儿就能回家了。嘴里可能还会有一点手术时留下的血迹，要是不舒服吐出来就好了。吃冰棍有助于止血，回家以后多喝水，今天别做剧烈运动。想吃什么都可以吃，要是不想吃也别多吃，麻醉过后肚子可能有些不舒服，明天就好了。"

吃着冰棍，小姑娘慢慢地活络起来。

妈妈问她："你的冰棍好吃吗？"

"好吃。"

"你好棒啊！"妈妈夸她："护士阿姨说你都没有哭。刚才这里有个跟你差不多大的男孩一直在哭。妈妈为你骄傲。"

她说："我进去就睡着了。"

"跟我们讲讲吧，医生给你罩上一个面具吗？"

"没有面具。"

我有些好奇，问："那个护士奶奶不是说会给你戴一个很酷的面具吗？"

"没有面具，就是让我吸气，我吸了两口气就睡着了。"

她妈妈做了一个怪脸，把舌头伸出来，问："睡着了就像这样吗？"

"我舌头没有伸出来。"

"你睡着了怎么知道？"妈妈继续问。

"当然没有，不然舌头挡住了怎么补牙！"小姑娘自有道理。

虽然脸上没有表情，思路已经十分清晰，看样子清醒了。

因为要麻醉，遵医嘱，小姑娘早上起床以后不但没吃饭，连水也没喝过一口。离开医院已经下午两点过了，连忙找了个餐厅吃饭。饿了大半天，小姑娘胃口特别好。没了蛀牙，吃东西也不塞牙缝了。

回到家，她妈妈问她："怎么样，现在你牙不疼了吧？"

"两边都不疼了。"

"太好了。"妈妈高兴了。

"*Thank you for pushing me to do it.*"（谢谢你催我去补牙）

这…都是跟谁学的呀？

带着孩子去上班

圣诞节之于西方，就像春节对中国人的意义，辛苦了一年，需要彻底放空一下，久不相见的亲人朋友也要趁着这时候聚一聚。圣诞到新年，在加拿大，虽说法定假日只有 12 月 25、26 日和 1 月 1 日这三天，也没有黄金周之说，但多数人都会主动休假，于是从 12 月中旬到新年这段时间，办公室里人气都不怎么旺。到了圣诞节前最后一个工作日，到岗的人已经不足三成，约定俗成，只上半天，提前下班。

今年的圣诞节落在了星期一，因此节前最后一个工作日不是圣诞夜，而是之前的周五 12 月 22 日。不需要忙着准备圣诞夜大餐，比之往年，这一天上班的人略微多了一点。我所在的部门有好事者组织，这一天不如大家都把小孩带去办公室开个派对，热闹一番。

回家征求我家小姑娘的意见："星期五你要跟爸爸去上班吗？"

"要！"她高兴坏了。

过了一会儿，小姑娘似乎不放心，又问我："爸爸，我可以跟你去上班吗？"

"可以。"

"妈妈也去吗？"

"妈妈不去，妈妈去她的公司上班，我们不在一块儿。"

"那我跟你去上班。我会上班。我去过你公司的。"

她"会"上班，是因为这已经不是她第一次跟我去上班了。几个月前的一天，我挑了一个许多人休假办公室里不太繁忙的周五带着小姑娘去上班。虽然第一次进入这样一个人人一本正经的环境，我家小姑娘倒也表现得镇定自若，见到陌生的叔叔阿姨甚至还能打个招呼。这一天，小姑娘除了坐在我旁边的一个空座上自娱自乐，还跟着我开了两个会。会议室里，我跟同事讨论工作的时候，她就静静地坐在一旁玩她自己的玩具或是看书。当然，我敢带她去开会也是因为这两个会议都不算要紧，只是一般的工作讨论，如果小姑娘出什么状况我完全可以随时中断会议。

有了上次的经验，这一次小姑娘完全无拘无束，到我办公室就跟在家一样自在。而这一天带孩子到办公室参加圣诞派对的人还真不少，大大小小的孩子有十几二十个。组织者安排得颇为周到，空出最大的一间会议室给小些的孩子们做手工，大些的则在一块开放的区域做游戏。到了中午，所有小孩在一台放着《功夫熊猫》的电视机前席地而坐，边看电影边吃批萨。

欢乐的一天。

其实，带孩子去办公室在加拿大的大公司里面不算新鲜事，至少有三种情况。

一种情况是临时有事，孩子没地方去。我们小时候脖子上挂个钥匙，大人去上班，小孩自己在家。在加拿大，这可不行。小孩子没有大人看管独自在家是违法的。如果临时有事，小孩无法正常去幼儿园或学校，父母总得有一个人看着孩子。现在越来越多的公司允许甚至鼓励员工在家工作。遇到这种情况，在家一边工作，一边看孩子，是一个选择。

有的公司还提供免费的临时托儿服务。我的公司曾经专门拿出半层办公楼做临时托儿所，遇到紧急情况，不用事先打招呼，员工可以直接把孩子带到公司里，放在这个临时托儿所。后来托儿所取消了，公司转而与一家专门的临时托儿机构合作。他们有遍布各个社区的分支机构，于是作为员工福利的临时托儿服务就变成了就地解决，而不是带孩子到公司。

这种服务当然很好，不过也有它的局限性。做父母的都知道，小孩子去一个新的托儿所或学校总需要很长的适应时间。临时抱佛脚，把他们带到一个陌生的环境，没有熟悉的老师和朋友，他们未必肯去。而且这种服务一般只针对学龄前的小孩，大些的孩子，遇到老师进修学校放假之类的情况，还是得另想办法。于是少不了时不时地看见大人带着孩子到办公室上班。

再就是节日聚会。加拿大的职场，同事之间的交往通常只局限于办公室以内。中午聚餐或是下班以后在办公室附近找地方喝喝酒，这几乎就是私人交往的极限了。相互串门，带着家人孩子一起出去玩儿，虽不是闻所未闻，但极为少见。

人性都是相通的，私人感情在哪儿都是团队合作的润滑剂。所谓"人上一百，形形色色"，一个大的团队，所有人都能合得来谈得拢，并不容易。在加拿大这样多元文化的环境中尤其难得，因为种族、宗教等各种原因，谈话是有很多禁忌的。没有禁忌的就是小孩。孩子们酣畅淋漓的游戏带来的也是大人之间感情的增进。尤其是在过年之前这样一个所有人都身在曹营心在汉的"工作日"，组织这样一场派对，损失的无非是一点本就可以忽略不计的工作时间（比如圣诞节前人人无心工作的时间），换来的却是一个更有粘性、更加合作无间的团队。

还有一种带孩子上班，却是成规模的一本正经。在加拿大的安大略省，每年11月第一个星期三是"带孩子去上班日"（*Take Your Children to Work Day*）。公立学校系统和许多大公司都参与这项活动。这一天，许多九年级的孩子会跟随父母或其他长辈到单位体验工作的一天。

九年级相当于中国的初三。但加拿大的教育体系有所不同，小学和初中连在一块儿，从一年级到八年级；而九到十二年级，一共四年，都属于高中（*High School*）。高中阶段的学习类似于大学，学生没有固定的班级和教室，而是按照一定的要求，从学校开出的课程表中选修。

一些人误以为加拿大没有高考，高中阶段的学习很轻松，其实不然。没有一锤定音的高考，压力更大。要想进一所好的大学，除了在入学资格考试中需要取得优异的成绩之外，高中四年特别是最后两年的成绩必须一直保持名列前茅。更重要的是，入学申请时学生需要提交几篇论文。论文的题目，每所大学都不一样，但都要求学生能够表达出自己的与众不同之处，阐述对所申请的大学和专业感兴趣的原因、自己的人生规划以及大学教育在其中所占的地位。

因此进入高中阶段以后，学生们除了繁重的课业和课余活动之外，也开始对自己的未来进行规划。十几岁的孩子为自己进行职业规划或者人生规划，当然有着不成熟之处，但这也推动他们接触社会，对未来人生的各种可能性进行探索和思考。

带孩子去上班，显然是帮助他们进行这一探索的有效手段。从 2003 年左右美国的一家公益组织发起这一活动以来，美国、加拿大和澳大利亚已经有越来越多的学校和公司参与进来。

我工作的银行对这一项目极其认真，每年都有专人负责组织。除了跟随父母到办公室体验他们的日常工作之外，公司还会举办一些讲座，向这些孩子介绍银行这个庞大而复杂的组织如何运作。对十几岁的孩子来说，市场部也许是最有趣的一个地方。我们不但向他们介绍种种广告出炉背后的具体工作流程，还会安排孩子们到有合作关系的广告公司参观，甚至让他们亲自动手设计制作一个广告。

我进大学的时候，多数同学，包括我自己，对于将要学习的内容并没有太多的了解，更谈不上对专业的深入理解，职业规划对那时候的我们更是闻所未闻。加拿大的孩子在这方面显然有很好的优势，十年级十一年级的孩子通常对想要上的大学和专业都已经经过了几轮的思考、否定、再否定，对于未来四年的大学学习，多数人会有一个大致的了解和较为清晰的目标。带孩子上班当然不是他们了解社会的唯一途径，一天的时间能够见识的内容也很有限，但这显然是一种独特的、从其他地方无法获得的体验。

我家女儿还小，谈不到这些。不过带她接触一下父母的工作环境，对"上班"这件事有一点感性的认识，绝不会是一件坏事。

消防站的安全教育

　　我家小姑娘从来都很注重交通安全，一上车就检查是不是每个人都系好了安全带。走在路上碰到有消防车闪着警灯呼啸而过，一下子就来了精神。

　　"爸爸，消防车可以闯红灯。"她常常会说。

　　"是的。"我说："消防车去救人的时候就可以闯红灯，平时也不行。"

　　"为什么？"

　　"要是有地方着火了，消防车就得赶快去救火，去晚了房子就烧光了。"

　　"那警车和救护车也可以闯红灯吗？"她又问。

　　"是的，也只有去救人的时候才可以。"

　　正巧，我家旁边的消防站周六举办开放日 *(Open House)*，顺路就带她过去看看。不看不知道，原来这个开放日这么好玩。

　　消防站并不大，几乎没什么门脸，只有两个车库正对着主要街道。这样的消防站几乎随处可见。购买房屋保险的时候，保险公司通常要求住宅距离最近的消防站不超过 8 公里，并且 300 米之内必须有消防栓，否则保费会大大增加。在城市区域这基本上是标配，地广人稀的农村另当别论。

　　完善的基础设施还需要制度保障才能有效发挥作用。不管周围看上去多么安全，满街的消防栓旁边是绝对禁止停车的。普通的违例停车，罚款通常是几十元，要是停止消防栓旁边罚款数额要高出好几倍。

　　制度保障的另一个重要组成部分则是全民绝对保证紧急车辆 *(emergency vehicle)* 畅通无阻。一旦警灯亮起警笛响起，所有车辆尽可能靠右停下，空出一条通道供紧急车辆选择。这种情况下，消防车、救护车、警车不但可以闯红灯，也可以逆行。

跟中国不同的是，不论车祸还是火警，报警电话只有一个，就是 911。一旦接警，往往是救护车、消防车、警车同时出动。这三种紧急车辆的分工当然有所不同，但所有人员都受过急救训练，谁先到谁先救人。伤员处理完后，三辆车还需要相互配合。比如车祸现场，警车负责调查事故原因，救护车救人。即使没有爆炸起火也有消防车的工作。原来消防车随车携带的除了水还有沙子，看看撞车以后是否漏油，要是油漏在地上那就要马上用沙子处理，以防后续起火。

开放日最吸引小孩子的当然是消防车。两辆消防车停在消防站门前，公众可以任意上车参观、拍照。看着这个平时只能远观的庞然大物，我家小姑娘最关心的居然是燃料问题。她问我："爸爸，*fire truck* 要加油吗？"

"是的。"我说。

"从哪儿加油进去呢？"

"我们绕着消防车转一圈吧，看看加油的口在什么地方。"

一位消防员看见我们，上来跟小姑娘打招呼："*Do you want to get up?*"（想上车看看吗？）

"*No.*"我告诉热心的消防员："*She's wondering if the fire truck needs gas.*"（不用了，她好奇消防车要不要油。）

"*Of course. It takes a lot of diesel.*"消防员解答了小姑娘的疑问。（当然要了，要很多柴油。）

消防车是赚眼球的，真正的安全教育在消防站里面。一个个展台上并没有枯燥的防火安全宣传手册，而是各种各样的玩具。小孩子最喜欢的是各种填色画，消防员免费派送这些画册和蜡笔，孩子们回家可以填着玩。不过打开一看，图画的内容都是关于防火安全的。

寓教于乐的还有两个现场游戏。一个游戏是用消防栓接出来的水龙冲击一个模拟火灾现场的房屋模型，消防员一边帮助孩子们拿稳水龙，一边给他们讲解救火的常识。更有实际用处的一个游戏则是关于灭火器 (*fire extinguisher*) 的正确用法，消防员手把手教你怎么打开灭火器把火扑灭。

一边看着大孩子玩游戏一边吃着消防站免费提供的热狗饮料，小姑娘不肯回家了。

　　临走前，一个摆满了小树苗的展台勾起了我们的兴趣。消防教育怎么还派送树苗？细看之下，我大笑不止。遇到火灾，第一要紧的是赶快撤离，撤出房子以后在哪儿集合呢？把这棵不到一尺高的树苗种在自家附近，等它长大了，就是火警疏散后的 集合地标志。

　　我家树够多的了，没地方再种，还是永远别用到它的好。

一起吃晚饭

社会的发展让生活变得如此纷繁复杂，一家人每天一起吃晚饭对许多人来说已经是可望而不可及了。不过，望子成龙的父母，不知道有多少人想过家庭晚餐在孩子成长过程中的重要性。说实话，当我看到一本研究美国阶层流动性的书中反复提及家庭晚餐，实在有些出乎意料。

这本在美国引起广泛关注的书出自哈佛大学肯尼迪政府学院院长 *Robert Putnam* 之手。*Putnam* 是一位著名的公共政策专家，曾为克林顿、小布什和奥巴马三任总统出谋划策，并为许多其他国家的领导人提供过政策咨询，被伦敦的《星期日泰晤士报》称为"世界上最有影响力的学院派"。

他的这本《我们的孩子——美国梦碎》(*Our Kids - The American Dream in Crisis*) 综合分析了大量跨学科的社会科学研究成果，并采访了许多美国家庭，对社会阶层流动性这个问题——也就是我们常常讨论的寒门还能不能出贵子——进行了多角度的审视。全书从家庭结构、父母之道、学校教育和社区四个方面考察了美国社会的现状，用大量数据论证了低学历低收入家庭的孩子难以逾越阶层鸿沟的现象，对问题的成因进行了分析，进而提出了公共政策方面的建议。

读完这本书，我最感兴趣的不是美国社会的贫富差距，也不是作者提出的政策建议，而是书中反复出现的关于"家庭晚餐"的详细描述和数据分析。难道说一家人是否经常共进晚餐对孩子的成长真的有这么巨大的影响吗？

答案是——是的！要想孩子健康成长，家庭晚餐扮演着不可忽视的角色。

1.高收入高教育程度的美国家庭经常同吃晚餐

书中引用了大量统计数据，其中有两张图表很有意思。第一张图分析美国人学历与财富水平的相关性，用两条曲线分别代表本科以上和高中以下学历的人群，二者的财富差距在 1990 年代以后越来越大。高学历家庭的财富净值中位数在 2008 年次贷危机之前一度高达 120 万美元以上，而同期低学历家庭的这一数字只有 20 万美元左右，二者相差 6 倍以上。即使次贷危机以后美国家庭的财富净值普遍有所下降，二者之间的差距却并没有缩小。到 2013 年，高学历家庭净值的中位数仍然在 105 万美元左右，而低学历家庭则只有 15 万左右。

如果说第一张图所揭示的贫富差距还不够让人惊讶，那么第二图反映的高学历和低学历家庭的日常行为则确实使我瞠目。这第二张图是这两组家庭经常全家同吃晚餐的比例。图中列出了 1975 年到 2010 年间美国家庭全家经常一起吃晚餐的百分比。可以看到不论学历高低，由于家庭观念、社会环境的剧烈变化，现在经常共进晚餐的家庭大大少于几十年前。但是，在本科以上学历这一组，共进晚餐比例的下降主要出现在 1980 年代，而从 1990 到 2010 年这些家庭经常共进晚餐的比例基本保持在 75% 上下。高中以下学历组中，几十年来共进晚餐的家庭百分比一直在下降，趋势从未减缓，到 2010 年已经只有不到 65% 的家庭经常共进晚餐。

作者本人是在 1950 年代读完高中的。他的高中班级里有来自全城最富裕家庭的孩子，也有来自普通工薪家庭甚至相对贫穷家庭的孩子。在 1950 年代，所有孩子的共同点是他们几乎都有一个完整的家庭，并且大家都经常与全家人一起共进晚餐。到了今天，高学历、同时也是较为富裕的家庭仍然较好地保持着传统家庭的和睦，但低学历、低收入的家庭在这方面则每况愈下。

2.家庭晚餐为什么如此重要？

（一）言传身教

我们经常说父母是孩子的第一任老师，孩子的成长离不开父母的言传身教。对于上学、上托儿所的孩子，他们每天有多少时间与父母在一起呢？晚餐是父母与孩子沟通最重要也是最为自然的一个平台。孩子需要一个楷模，英文常常讲"Role model"，孩子会跟着父母有样学样。父母在餐桌上的一举一动孩子看在眼里记在心里。

这种言传身教不局限于父母想让孩子学习的东西，比如餐桌礼仪。晚餐同时也是夫妻之间结束一天工作之后最重要的交流时间。白天在外面遇到的风风雨雨，过日子的柴米油盐，夫妻两个人自然地会在餐桌上谈论起来。谈话在于夫妻之间，但是孩子也会耳濡目染。

许多从底层通过读书、发奋实现逆袭的孩子，当他们来到一个自己的父母一生都无法想象的世界的时候，他们常常会惶恐，不知道怎样面对这个世界。很大程度上，这是因为他们从来没有接受过待人接物的训练，而这种训练最有效的途径就是父母的言传身教孩子的耳濡目染。如果父母本身教育程度、收入水平比较高、从事专业工作，他们的餐桌谈话多多少少会涉及于此，孩子哪怕无意识地听了一耳朵，日积月累，这就是他们的眼界、就是他们今后面对这个世界需要独立处理各种人际关系时可以随时查询的"数据库"。

书中采访的一位来自富裕家庭的母亲温迪说："家庭晚餐至关重要，因为孩子们从中学习如何与他人交谈。"

德斯蒙是一位中产阶级家庭长大的男孩，他向作者回忆小时候在家庭晚餐中与父母和妹妹之间的那些谈话："我爸和我妈总是保证我们一块儿吃晚饭。这是我们四个人仅有的真正在一起交谈的时间。我真的从我们在晚餐桌上的这些谈话中学到了很多东西。"

（二）仪式感

这么说好像有点找抽，不就是吃个饭吗，哪至于扯上什么仪式感。其实全家人一起吃饭、所有人到齐才开饭、大家都吃完才下桌子，诸如此类的"规矩"就是一种仪式 (ritual)。和尚要磕头，基督徒要做礼拜，皇上要带领群臣祭天祭地祭孔，老百姓家里要祭祖祭灶王爷，所有这些"礼"都被分解成了程式化动作，隐藏在人们的日常生活中，这些都是仪式。有了这些日常生活中的仪式，才会有共同的价值认同、道德规范、行为纪律。没有规矩，不成方圆。这些日常的"仪式"就是规矩。

一定程度而言，仪式感是孩子了解自己社会身份的一个途径。孩子在父母爷爷奶奶眼中永远是宠爱的对象，常常会得到特殊的待遇，这就容易让孩子产生认知偏差，误认为所有人都理所当然地会满足自己的要求。初入职场的年轻人挑工作要"钱多活少离家近"，除了年轻人的眼高手低，就是这种自我中心的心态在作祟。适度的仪式感会在无形中帮助孩子纠正这种认知偏差，明白长幼尊卑，了解个人与家庭、集体、社会的关系。

（三）关爱

孩子的成长也好，我们每个人的生活也好，不可能只有规矩和纪律，还需要关爱。要说规矩，从小把孩子送到寄宿学校可能是学规矩的最佳途径，但是缺少关爱的环境下长大的孩子在成年以后他们的性格中会缺少韧性。太柔则靡，太刚则折，过于刚硬的性格会在人际交往中带来许多麻烦。

我曾经有一位领导，中东贵族家庭出身，从小在英国的寄宿学校长大。人很聪明，也很善于律己，但是当他的职位上升到一定程度以后，他过于刚硬的性格使得他的团队人人自危，因为他始终严以律己也严以待人。很不幸，他的团队在他用力过猛的领导之下涣散了，他本人的职业生涯也遇到了严重的障碍。俗话说"不痴不聋，不做阿家翁"，能"痴"能"聋"的灵活性在很大程度上也决定了一个人领导力的高下。一个人独行可以走得更快，但一群人组成一个团队才能走得更远。太刚、缺少柔性的人是很难领导一个团队、甚至也很难与一个团队合作的。

父母兄弟姐妹在餐桌上展现出来的关爱，会带来孩子性格形成过程中所需要的那份柔。德斯蒙的妈妈西蒙妮就一直在纪律与关爱之间寻找平衡，她说："我想我从来没有真的惩罚过德斯蒙，… 因为我一直觉得我希望家是一个孩子们向往的地方。"

作者在书的最后一部分提出了一系列建议供政府决策参考。同时，作者也承认，许多影响孩子成长的家庭问题很难通过公共政策来找到一个有效的解决方案。既然美国政府的高参找不到好的方法来解决社会问题，具体到我们个人，不妨从小事做起，从家庭晚餐开始，为自己的孩子营造一个更好的未来。

3.中国式家庭晚餐该怎么吃?

可是东西方文化有别，家庭环境、父母的职业等等因素每个家庭都不相同，中国家庭该怎么吃这顿晚饭呢?

（一）柴米油盐

在繁重的学业压力之下，而今中国的孩子很少有机会真正接触和了解社会。在家里，父母常常说的话是"你只要专心学习，其它事都不用你管"。于是，反映在餐桌上就是父母只跟孩子谈学业，不跟他们谈居家过日子的柴米油盐。殊不知夫妻之间柴米油盐的话题其实是孩子了解世界的一个重要窗口。

"穷人的孩子早当家"，其实富人家的孩子也可以早当家，《红楼梦》里面探春宝钗帮助管理家务的时候也不过十多岁。能不能当家不在于家庭是穷还是富，关键在于孩子有没有机会接触家务事。贾府这样的大家庭，即便不食人间烟火如贾宝玉林黛玉也避不开纷繁复杂的人际关系和鸡毛蒜皮的家务纷争，自然练就了处理家务的能力。

不要以为家务是小事，"一屋不扫，何以扫天下"。其中锻炼的不只是临机决断的处事能力，对社会和人际关系的理解，更有孩子对家庭进而对社会的责任感。所以，中国式家庭晚餐的第一个重要因素就是当着孩子的面讨论家务，可以是在吃晚餐的时候也可以是其它场合。大些的孩子还可以征求他们对家务的意见，让孩子感到被父母尊重同时培养他们对家庭的责任感。

（二）七大姑八大姨

在北美，高中生报考大学时通常对自己心仪的学校和专业都有一整套想法，会充分考虑自己的兴趣、特长和将来就业的社会现实，而并不是只盯着学校的排名和专业的热门程度。相对而言中国学生填报大学志愿则更多的是"父母之命，老师之言"。别说农村和三四线城市的寒门子弟，就是大城市中产家庭的高中生又有多少人在上大学之前对自己"想干什么"、"能干什么"以及每个专业究竟"要干什么"能够有一个清晰的认识呢? 这不能怪孩子。北美高中生在这方面的思想成熟度很大程度上得益于学校教育的"接地气"，而中国高中生在学校得到的就业指导几乎为零，通过学校教育得到的对社会现实的了解也微乎其微，那就只能靠家庭来弥补学校的不足。

这时候七大姑八大姨就起作用了。欧美家庭，叔伯表亲之间走动并不频繁，而且人们普遍认为管教孩子只是父母的责任，其他任何亲友包括爷爷奶奶参与对孩子的教育都被认为是不礼貌的，甚至可能被看作对孩子父母的冒犯。因此欧美家庭的旁系亲属能够对下一代产生的影响有限。但中国家庭不一样，别说爷爷奶奶，所有的叔叔舅舅姑妈姨妈都积极主动地参与到对孩子的教育中去，所有成年人都在思想上和行动上共同承担起对整个家族下一代的责任。这是一项历史悠久的传统，其利弊或许存在争议，但是在社会分工越来越复杂的今天，单就开阔孩子的视野而言这显然是可以利用的资源。父母再优秀，两个人的眼界毕竟有限。亲戚多了，势必有人投身不同的行业，他们的专业知识、思维方式和从不同角度对社会的认知都可以帮助孩子发现和培养不同方面的兴趣，让他们从小了解社会的多元，撕开各行各业的神秘面纱，得到与不同阶层不同行业的人打交道的经验。这种体验来得越早越好，往小了说，高考填志愿不必临时抱佛脚，往大了说，青少年时期形成的宽广视角会让孩子终身受益。

许多名流的后代都有不凡的成就，而他们在回忆自己的青少年时代时往往都提到喜欢"偷听"父母与亲友的谈话。要说中国式晚餐的第二个元素就是大家庭的聚餐，尽量创造机会与亲友聚会，并且让孩子"旁听"进而参与大人的谈话。

（三）多年父子成兄弟

《多年父子成兄弟》是作家汪曾祺回忆乃父的一篇散文，这句话出自他父亲之口。汪父与他的相处之道是平等相待，"没大没小"，一起喝酒、一起抽烟、儿子十几岁谈恋爱父亲在旁边帮着出主意。这种貌似荒诞不经的父子关系其实为两代人之间有效的沟通架设了一条渠道，有了渠道才能有效地施以影响。正视这一点对中国家庭尤其重要。在"君君臣臣父父子子"的传统框架之下，中国式父母在孩子面前往往都要"端着"，端久了自然就会有壁垒，不但亲情会被阻隔，父母的人生经验也无法有效地分享给孩子。

平等相待跟前面所说的"仪式感"、餐桌礼仪并不矛盾。规矩不能随意改变，但在父母和孩子遵守同样的基本规则的前提之下，父母仍然可以放下架子、放平心态，跟孩子平等交流。两代人在餐桌上多一些朋友般的交谈，少一些家长式的训诫，这就是中国式晚餐对孩子产生积极影响的第三个窍门。

4.不能一起吃晚饭怎么办?

晚餐毕竟只是形式，有许多家庭因为各种原因没法每天一起晚餐，但父母只要能够长期保持孩子良好的沟通，以平等的姿态与孩子讨论家事、心事，常常把孩子带入自己的社交圈，也会有同样的作用。

我的一位朋友在电视台工作，每天中午上班，晚上很晚才能回家，平时几乎不可能与家人一起吃晚餐。她的做法是每天一定早起为家人准备早餐，全家一起吃过早饭孩子去上学了她再干自己的事。另一位朋友只身在北京打理事业并且整天世界各地飞来飞去，他的妻子儿女生活在南京。不管多忙，他每天一定花时间与孩子视频交流，没有特殊情况周末一定回南京陪孩子，还常常带着孩子去看望生活在西安的爷爷奶奶。这样的安排足以弥补他不能每天与家人共进晚餐的缺憾。还有一位朋友的做法可能更有普遍的可操作性，他常常利用开车接送孩子上学的机会，在汽车里封闭的空间中以深度交谈打发堵车时父子俩独处的时间，他们的话题天马行空，从父亲的工作到孩子学校里发生的事再到读的闲书，父亲就这样潜移默化地影响孩子，上小学的孩子脑子里时不时冒出来的异次元想法有时甚至也会激发父亲工作中的灵感，相得益彰。

说一千道一万，持之以恒四个字才是硬道理，只要做父母的能够珍惜与孩子在一起的时光，对孩子终归是有益的。

人工智能来了

一天晚上，我家小姑娘问起花是怎么开的："妈妈，花是怎么打开的？"

妈妈告诉她："先有一个花苞，然后花瓣一片一片地打开，花就开了。我给你看看吧。"

"在你的手机上吗？"她又问。

妈妈于是掏出手机，搜索开花过程的视频，告诉她："这是拍出来快放的，真正开花要很长的时间。"

我在旁边插了一句："等春天开花的时候，你可以每天到院子里去看一下就知道了。"

这样的场面在今天可以说已经是司空见惯了。不管大人孩子，有什么不知道的事情，拿出手机一搜索就全有了。互联网的普及不过二十多年，智能手机的历史只有十年，我们已经很难想象没有网络的时代生活是什么样子。

1990 年代，作为电子信息专业的大学生，我们班差不多到大三以后，才陆续有寝室合资购买电脑。毕业前夕，我为了查资料需要上网。学校里系里都没有可以上网的机房，街上也几乎没有网吧，我第一次自己上网是到市邮电局开设的网络中心。在工作人员的指导下申请了一个 *hotmail* 邮箱。两周以后我再回到网络中心想要查收邮件，被安排使用另外一个座位上的电脑，急得我还问人换了台电脑邮件是否会丢失。不过短短二十年，今天看来已经是难以置信的笑话了。

今天所有的信息都在指尖。出去玩做攻略订票，家里什么东西坏了不知道怎么修，或者写文章需要查资料，所有的一切，只需要敲动键盘，或者轻点手指，甚至只要对着一个盒子说上几句话，不但文字的资料，还有图片、视频，你想到的和没想到的，应有尽有。查询资料可不是从来都这么容易。大学时代，我选修过一门《科技文献检索》课程。今天只要不是文盲，谷歌一下或者百度一下就能又准又全地找到很多资料，而在当年，这是要通过一门大学课程来学习的特殊技能。

因为这事，我最近一直在思考一个问题——在这个信息爆炸和知识碎片化的时代，基础教育究竟应该何去何从？我们小时候，认字写字，背加法口诀背乘法口诀，上语文课背唐诗背古文，上历史课背各种事件发生的年代，上物理课背左手螺旋定理右手螺旋定理，上化学课背元素周期表，上地理课背铁矿产区背洋流季风，上英语课背词性背句法，上数学课还得背正弦余弦正切余切。所有这些，会跟当年我学的科技文献检索一样被今天的科技一键替代吗？

正想着这些事，前两天碰巧又参加了微软的人工智能研讨会。机器都会学习了，人还用学习吗？这个问题，我倒是有几点想法。

1）获取信息越来越容易，但得到洞察却越来越难。英文 *Insight* 这个词很难翻译，中文没有类似的意思，现在经管类的书籍一般摆它译作"洞察"。洞察不是信息，也不是海量的数据，而是从信息和数据中提炼出来的真知灼见，是透过让人眼花缭乱的信息的表相看到的问题的本质。随便一个什么问题，上网一搜，能得到无穷无尽的答案，说什么的都有。这些答案中间，属于事实的部分有真有假，属于观点的部分更是众说纷纭。如何辨别和取舍是一个大问题。能帮你雾里看花的火眼金睛，不是从太上老君的炼丹炉里炼出来的，靠的是完备的知识框架和正确的思维逻辑。

从这个意义上讲，今天的孩子虽然很容易就能获得一个个信息点，但在基础教育阶段，我们却需要为他们构筑一个更加全面的知识体系，而不是任由碎片化的信息把他们的世界搞得支离破碎。换句话说，今天的孩子也许不再需要记忆和背诵那么多的知识点，但他们比以往任何一代人都更需要接触更广的知识面，以及建立起对各个知识面之间相互关系的深刻理解。孩子问问题，要紧的不是告诉他们答案让他们记住，甚至也不是教给他们寻找答案的方法，而是举一反三引发他们对其他相关问题的联想。

2）机器也许能帮我们解决问题，但发现问题还得靠人的智慧。至少到目前为止，人工智能还处于初级的阶段。目前最热门的人工智能领域就是机器学习 *(Machine Learning)*，大不了是深度学习 *(Deep Learning)*。即使 *AlphaGo* 能够在几天之内学完人类棋手一辈子也学不完的棋谱，即使它的升级版 *Master* 已经不再需要学习人类的棋谱，但人工智能目前所能做到的也还只是让机器去学习而不是去创造。通过学习机器可以去解决具体的问题，但创造的过程除了解决问题，更重要的是去发现哪些问题需要解决、值得解决。目前我们所能看到的所有号称人工智能的实际应用和相关研究，都还没有进入到这个领域。

什么是发现问题的能力呢？举两个例子。读商学院的时候，我的统计学教授让我印象深刻。每上一节课分析一个案例，教学目的是让学生掌握一种统计学工具及其在商业决策中的作用。这位数学博士出身的教授与众不同，每节课开始他最爱说的一句话就是"别开电脑，别做任何统计分析，也不要建任何数学模型，你们就看着纸上写的这几个数字，告诉我你能看出什么问题？"建立漂亮的数学模型进行分析，这也许是机器能做的事情。一张白纸，写着几个没头没尾的数字，看一眼就能知道公司的运作有没有问题有什么问题，这是机器干不了的活。

第二个例子是我在银行工作的亲身经历。总部做了一些特价优惠，帮刚刚开业第一年的新分行拓展业务。一家开业已经超过五年的分行居然也来申请特批想要同样的优惠政策。我问为什么，答案是他们业绩不好需要帮助。再问为什么业绩不好，答案是分行经理的水平有待提高。听到这个回答，我嘴里一口咖啡差点没喷出来。优惠促销，能解决分行经理的能力问题吗？实际上这样的事情天天都在发生，一遇到事众人纷纷提枪上马准备大干一场，四个人开半个小时的头脑风暴会议能提出三十条解决方案，但从头到尾没有人想过究竟有什么问题需要解决。

所以说，人工智能时代，机器能多快好省地帮我们解决许多问题，要想不被机器取代，人得练就发现问题的本事。也许我们也该学学我那位统计学教授，别老想着要孩子"做题"，该多鼓励他们"出题"。

3）人工智能的技术日新月异，但机器终究没有情感。工作也好，生活也好，解决一个个具体问题，只是其中一部分，甚至只是一小部分，更重要的是人。每一次风吹草动，股市总会有过激的反应。不论多么复杂的数学模型、多么精准的推理分析都算不出人性的贪婪与懦弱，也左右不了人的欲望和胆量。这次微软的大会上，一位专家拿出一张图表，列举各行各业的工作内容中有百分之多少能够被人工智能所取代。他开玩笑说，很遗憾，政客永远也无法被机器取代。虽是玩笑，但其中的道理却是不错。机器越是能干，我们越是需要与人打交道的能力。

与人打交道的能力包括两个方面。表达的能力、协调的能力、与人合作的能力和领导团队的能力，这是处理人际关系的能力。还有另外一个方面，就是与自己打交道的能力——专注的能力、持续的能力、控制情绪的能力、从挫折中走出来的能力。学会跟自己打交道，才能最大激发自己的潜力。这两个方面的能力需要家庭和学校来共同培养。在我看来，这比建立知识框架和学会发现问题更难。

难也得做。我们已经身处信息时代，回不去了。人工智能的时代正在到来，挡不住了。我们的孩子将要面对一个什么样的世界，我们无法逆料，但我们得帮他们做好准备，也许这就是所谓"知其不可为而为之"。至于这一层意思，*Mark Skilton* 教授在 2018 年微软人工智能大会上的一句话表述得非常恰当：

We need to create the future for our children in the way we want it to be. Don't let it happen just by happen. （我们要按照我们所希望的那样来为我们的孩子创造一个未来。别任其自然。）

年轻就要醒着拼？

1.滑冰

2008 年北京奥运会开幕式盛况空前。加拿大同事看完以后说 "*Now they're putting pressure on Vancouver*"（现在温哥华的压力好大）。我听了暗自好笑，难道有人会把夏季奥运会跟温哥华 2010 冬奥会相提并论吗？那时候我到加拿大时间不长，还不能完全理解加拿大人对冬奥会和所有冰雪项目的热情。

这种热情是从小在冰天雪地里培养起来的。女儿三岁半，观摩花样滑冰和冰球的历史已经超过两年，如今她也开始学滑冰了。

有一天回家，小姑娘跟我说："妈妈给我买了溜冰鞋！"她兴奋不已，说着就要套上溜冰鞋在家里的地板上开溜。

"家里可不行，"我连忙说："我们得去滑冰场。你喜欢溜冰吗？"

"喜欢。摔倒了我都不会哭。"

"你喜欢跳舞还是溜冰？"我出给她一道选择题。

"跳舞和溜冰，还有踢足球，还有游泳。"她说。

没错，小姑娘的时间已经安排得满满当当了。每周一节跳舞课、一节足球课、一节游泳课，现在又加上一节溜冰课，这还没算上去图书馆听故事和做手工。平心而论，我们不是虎妈狼爸，也从没考虑过培养"牛蛙"——甚至连"牛蛙"这个词都是随着最近"牛蛙"外公的走红才第一次听说。给她安排的这些活动，全都是抱着玩儿的心态。她自己也愿意去，因为在家里待着不如去上这些课好玩。

2.调查

不只是我们，身边华人中产阶级家庭的父母大都这样想。没有残酷的升学考试，也没有赢在起跑线上的说法，更没有攀比的心态，一切都顺其自然。

几位在多伦多从事市场研究工作的华人最近发起成立了一个公益组织加华市场研究会。第一份研究报告就是关于多伦多与上海两地的华人小孩参加课外活动的比较。调查显示，多伦多参加课外班的小孩比例 *(97%)* 比上海 *(92%)* 略高，平均参加课外班的数量多伦多 *(5.1)* 也高于上海 *(3.9)*。但多伦多的课外活动以兴趣活动为主，参加人数最多的是游泳 *(64%)* 和钢琴 *(44%)*，上海则偏向课业辅导，最受欢迎的是数学 *(59%)* 和英语 *(52%)*。总体而言，多伦多孩子参加的课外活动大多是发展兴趣爱好，较少功利性，而上海则主要是为将来升学和留学做准备。

为什么会有这样的差异呢？有人说是因为升学的压力，但其实加拿大高中毕业生上大学 *(university)* 或社区学院 *(college)* 的比例（约 *75%*）与中国高考录取率 *(12-15 年的数据大致都在 75% 左右)* 大致相当。很显然升学压力无法解释这种差异。

3.醒着拼

其实教育的问题从来都不只是教育本身的问题，而是所有社会问题浓缩在了教育问题上。继"不能输在起跑线上"之后，这两年又有人提出了"赢在子宫里"的口号。这些现象，与其说是中国教育的浮躁，不如说是所有阶层的家长都不自觉地把自己身上的焦虑投射在了孩子身上。登天无路的底层希望通过孩子的教育来改变整个家族的命运，十几年奋力拼搏刚刚实现阶层跃升的中产千方百计地想要把自己好不容易获得的社会经济地位在下一代身上延续下去，而挖到几桶金的则在拼命拓宽和加深与其他阶层之间的鸿沟。

在加拿大，这种焦虑似乎是不存在的。有一则广告很能说明这其中的差异。江苏卫视《一站到底》节目中主持人会口播赞助商的广告词，有一种能量饮料的广告词是"年轻就要醒着拼，困了累了喝东鹏特饮"。反观红牛在加拿大的广告，拍的几乎全是户外运动、极限运动。二者的目标客户和诉求显然是不同的。

从营销的专业角度来看，这句"醒着拼"的广告词可以说是神来之笔，虽然简单粗暴，但精准地触及了在大城市打拼的年轻人心底的痛点。

4.故事

自从听到这句广告词，它就一直在我脑子里挥之不去。一方面感叹现在侥幸可以按照自己的节奏生活，另一方面庆幸的是女儿不必从小生活在一个时刻都要"醒着拼"的环境中。

这个想法一直持续到昨天，群里一位大姐的提问把我的思绪带到了许多年前。这位大姐的女儿在美国读本科，繁重的课业之外她还参与了许多社团活动。当妈妈的一方面欣慰于女儿的上进，另一方面又为她的精力和健康忧心忡忡，于是发问希望有过留学经验的朋友给她一些建议。

我于是想到了自己十几年前读 *MBA* 的那段时光。我的学校出名的课业繁重。每天早上7点到校参加小组讨论*(不能缺席)*，8点开始上课直到下午1点*(上课得积极发言，因为课堂表现占一门课总成绩的 20~40%)*。下午的时间通常是作业和团队项目。晚上则准备第二天的功课，这意味着至少 6 个小时的阅读时间。这还没算上不间断的写简历、找工作、面试、跟已经混成业界大牛的校友套瓷、各种社团活动、以及和同学之间的交际。你算算每天能有多少时间吃饭睡觉？

可是天外有天人外有人。多数同学就这样已经累成狗了，但有两位女同学的生活比我们还要忙好多倍。一位同学读的是 *MBA* 和法学的双学位，在商学院和法学院同时上课。法学院的课程一点不比商学院轻松，流行的笑话是法学院的女生从不洗脸梳头，因为连睡觉都没有时间。在商学院和法学院的双重压力之下，这位女同学还代表学校水球队参加男子比赛，每周还得拿出20 个小时用于训练。

另一位是位中国女同学。她的先生有生意在国内，常年在中加两地来回跑。在加拿大，她一边读书，一边独自带着两个小孩。多数中国人的家庭会有老人过来帮忙，她的父母也来了。不过跟多数中国老人不同的是，她的父母因为身体等原因几乎不做家务。于是这位同学每天回家以后要带小孩、要做家务、要照料老人的饮食起居。每天晚上等小孩睡觉以后，她再回到学校找一间自习室开始学习。

我把这两位女同学的故事告诉了群里的这位大姐，意思是劝她不必太为女儿担心，年轻时候拼一拼没有坏处，同时她也应该相信女儿有能力安排好时间。

5.拼不拼?

讲完故事我还忍不住找补了一句："人啊，只有享不了的福，没有吃不了的苦"。我的话可能说得有点不太中听，但这是我真实的经历。后来我再一想，这两段故事所表达的意思跟我之前为不用"醒着拼"而感到庆幸的心态是格格不入的。

美国著名的公共政策专家 *Robert Putman* 教授在他的《我们的孩子——美国梦碎》(*Our Kids - The American Dream in Crisis*) 一书中研究了教育对阶层流动的影响。数据显示，政府对高收入高学历居民社区和低收入低学历社区的公立学校的投入是大致相当的。师生比例、学校人均面积、教师任职资格和任职年限等各方面都没有太大的差异。最大的差异在于家长和学生自己。家长方面的差异，不只是金钱上的投入，更是时间上的投入、与学校老师的深度互动、在孩子成长全过程中的主动干预。

而学生方面的差异，更多的体现在由家长言传身教所带来的孩子积极的人生目标和由此所产生的自律。书中讲到美国一所著名的高中，学生们习惯性地互相攀比谁睡得更晚。要知道，在美国和加拿大，虽然小学阶段的学习轻松愉快，但进入高中，如果想要上一所好的大学，压力一点不比中国高考的压力小。在北美要想上一所顶级的大学，除了 *SAT* 考试，高中最后两年所有学科的成绩都要拔尖，还要在课外活动中取得能拿得出手的成绩。

大学阶段的学习更加辛苦。毕业以后，如果有幸找到一份人人羡慕的金领工作，职场上比拼的，除了智力，还有体力。有人把华尔街精英的能力归纳为三个"强"——*mentally, psychologically and physically strong* ——智力、心理和体力，都得强。

　　与中国不同的是，在北美你可能有更大的自由度，选择一种平淡安静的生活方式而不会感到必须要出人头地的那种无形的压力。但是如果你想要让自己变得优秀，这种选择所带来的竞争压力一点也不比在中国小。

　　拼不拼，看上去是一个自主的选择。作为一个父亲，我希望我的女儿有一个幸福的没有压力的童年，也希望她有一个幸福的没有压力的人生。但同时，我也不想剥夺她去拼搏、去选择一种有压力的生活的权利。毕竟，压力带来的不只是行动的动力，还有心理上的满足感。没有压力的人生，往往并不是轻松愉快的，而是空虚的。

　　好吧，如果要排个序，我希望女儿的生活第一是快乐的，第二是充实的。拼不拼呢？也许还是要拼的，但希望她能够睡饱了再去拼，而不必靠功能饮料撑着自己去拼。

毁童年的《三只小猪》

不论你看没看过迪斯尼 1933 年出品的动画电影《三只小猪》，也不管你是几零后，这个故事你一定听过。不但听过，如果你已经做了父母，你还一定给你的孩子讲过。我家小姑娘有至少三本不同的《三只小猪》绘本，还有一套根据其故事情节开发的智力游戏玩具。

这三本绘本各有来历。第一本是中文的，从她很小的时候我们就读给她听。第二本是随那套玩具附赠的，比利时出版，是纯粹的"连环画"，一个字都没有，很适合用来培养孩子看图说话的能力。这两本故事情节基本相同。而最后一本是英文的，由梅·玛措卡 (*Mei Matsuoka*) 绘制，美国出版，四岁小孩识字和阅读用的低幼读物。这本书，虽说情节没有脱离三只小猪的大框架，但书中一些细节的设置和文字所透露出来的作者的态度让我不大能够接受。正是这本书勾起了我的考据癖，想要对《三只小猪》的前世今生多做一点了解。

1.历史版本

不看不知道，一看吓一跳，三只小猪的故事还真称得起历史悠久。这是一个英国童话，经典的故事情节大家都耳熟能详：三只小猪分别用稻草、木头和砖头造了自己的房子，在大灰狼面前草房子和木头房子不堪一击，两只小猪险些遇难，最后逃进砖房子成功抵御大灰狼的袭击。寓意自然是做人做事要脚踏实地，偷懒最终要自食恶果。

跟所有的童话一样，最初的版本是口耳相传的民间文学。现存最古老的文本出现在 1886 年出版的《英格兰童谣集》(*The Nursery Rhymes of England*)，作者是英国的莎士比亚学者和民谣整理者詹姆斯·海利威尔 (*James*

Halliwell）。这本书名为《童谣集》，顾名思义，大部分内容都是朗朗上口的儿歌。全书分为历史 (*Historical*)、文学 (*Literal*)、传说 (*Tales*)、谚语 (*Proverbs*)、谜语 (*Riddles*) 等十八个部分。《三只小猪的故事》出现在传说部分。跟书中的大部分内容相比，这一篇的故事情节相对比较复杂，语言则更散文化而不是儿歌。

几年以后，澳大利亚民俗学家和文学批评家约瑟夫·雅各布斯 (*Joseph Jacobs*) 编纂出版了《英国童话传说》(*English Fairy Tales, 1890*) 及《续集》(*More English Fairy Tales, 1894*)，几乎是原封不动地收入了海氏《童谣集》中的这则故事，只修改了个别字词。

十来年间又有一些不同的童话故事集收录了《三只小猪》，其中比较著名的是苏格兰诗人、小说家和文学批评家安格鲁·朗 (*Andrew Lang*) 的版本。朗氏出版了红橙黄绿等十几本以封面颜色命名的童话集，这个故事收在 1892 年出版的《绿色童话书》(*The Green Fairy Book*) 里，比海氏版本长很多，故事情节也是我看到的所有版本中最为复杂的，不过故事的大体走向和教育意义基本还是一致的。

2.颠覆经典

迪斯尼的卡通电影可以说是海氏版本的"洁本"。跟许多童话故事一样，在张婆婆讲给王妈妈王妈妈再讲给刘小宝的那个年代，口头文学每讲一次就会有一次再创作，所以民间故事的搜集整理者总是会发现许多不同的版本。可只要迪斯尼拍了电影，迪士尼版就是最广为流传的"钦定版"，这是工业时代的大众传播不可阻挡的趋势。要想在迪士尼的版本之上再推陈出新，那就只有颠覆经典这一条路可走。

最有名的两个颠覆版一个是 1989 年琼·西斯卡 (*Jon Scieszka*) 以 "*A. Wolf*"（一只狼）为笔名写的《三只小猪的真实故事》(*The True Story of The 3 Little Pigs*)，从狼的角度讲了一个符合自然规律的故事。

狼吃可爱的小动物，不管是三只小猪还是小红帽小白兔，这只是肉食动物的本能，是我们人为地赋予了狼邪恶贪婪的角色。西氏的这个颠覆版彻底改变了狼的形象，故事中的狼是一个孝顺的好孩子，得了重感冒还一边打喷嚏一边给奶奶做生日蛋糕。碰巧家里的糖用完了，于是他出门找邻居小猪借糖。胆小的小猪自然不敢给狼开门——很好奇他为什么敢跟狼做邻居而且一向相安无事。狼一不小心打了个喷嚏就把草房子给吹倒了，小猪不幸在房屋意外垮塌事故中遇难。对于狼来说，这只意外死亡的猪就像天上掉下的馅饼，不吃白不吃，白吃谁不吃？

如果说西氏试图抛开童话的寓意去为孩子们（或者说是为成人）揭示一个真实的世界，那另一个颠覆版则看上去有些无厘头，这就是尤金·特里维扎斯 (*Eugene Trivizas*)1993 年出版的《三只小狼和大坏猪》(*The Three Little Wolves and the Big Bad Pig*)。这个故事可以说是颠倒黑白，狼变得弱小可怜，而猪是一个恶魔，想尽一切办法要吃狼。房子也升级了：三只小狼一上来就合作建造了结实的砖房子，却被大坏猪用铁锤砸了；第二所房子是混凝土的，被大坏猪用电钻破坏了；造第三所房子的时候小狼们无所不用其极，铁链电网全招呼上了，比关押重犯的监狱还要牢，没想到被大坏猪用炸药给炸了。最后，小狼们无奈之下放弃了防守，用开满鲜花的树枝造了他们最后的房子。大坏猪一看这么简陋的房子，一吹就倒，可就在他吸气准备吹倒房子的时候，扑鼻的花香沁润了大坏猪的心灵，于是他放下屠刀，洗心革面，从此变身大好猪与三只小狼幸福地共同生活在一起。

从图书馆借了这两本颠覆版的绘本，放在书房里，为写这篇文章做准备。不料我家小姑娘眼尖，看到了特氏的《三只小狼》，非要我讲给她听。

这个故事实在太超出 4 岁孩子的理解能力，我不愿意让她接触，于是对她说："我们换一本讲吧，这个故事太傻了。"

"不，我喜欢傻的故事。"小姑娘没那么容易放弃。

我拗不过她，只好念给她听。小姑娘显然不太适应猪与狼角色设定的 180 度大颠倒，有点愣神了。我想把她的注意力岔开，说："是不是很傻，我们不讲了吧。"

小姑娘故作镇静假装成熟："哈哈哈，真的很傻。我还要听……"

特氏是希腊人，律师出身，在英国伦敦大学获犯罪学博士，回到希腊后在大学从事犯罪学和社会学教学与研究，业余进行儿童文学创作，并于 2006 年获得安徒生童话奖提名。这个颠覆版的小狼大猪故事是他出版的第一本儿童故事书。不知道是不是受到其主业犯罪学研究的影响，特氏在这本书中讲述的坏人立地成佛的故事和狼猪化敌为友的结局也许反映了他作为社会学家为化解社会冲突寻找出路的一种探索，与所谓"博爱"的精神一脉相承。不过，这种过于乌托邦的情节读起来始终让人感觉怪诞，并不适合小孩，至少不适合太小的小孩。

3.经典版本中的暴力情节

其实，非但颠覆版不适合作低幼读物，即使经典版本用今天的眼光来看也未必合适小孩。

迪斯尼的版本当然比较纯洁，通行的绘本也都是一样的套路——建草房子和木房子的小猪最终逃到砖房子里成功躲避大灰狼，而大灰狼也被三只小猪合力赶走再也不敢回来。但很少有人知道，在最初的海氏和雅氏版本中前两只小猪都被狼吃掉了。这当然更符合现实而不是童话的逻辑——很难想象猪会逃得过狼的追捕。不过，这样的场面太过血腥暴力，跟迪斯尼的调调显然不搭，还是大团圆的结局更符合孩子们的世界。这样的改动无伤故事的主题，无可厚非。

去暴力化并非始于迪斯尼。朗氏版中小猪也都活了下来。这个故事中的反派不是狼，而是狐狸——在所有版本中这是一个孤例。这个版本中三只小猪的性格比较立体，并跟他们各自的房子直接有关。三只小猪还第一次有了自己的名字——小棕 (*Browny*)、小白 (*Whitey*) 和小黑 (*Blacky*)。小猪们原本和妈妈生活在一起，妈妈去世前把子女叫到身边问他们想要一座什么样的房子。小棕又脏又蠢又贪玩，每天在泥里打滚，于是跟妈妈要了一所用烂泥做的房子。小白是个姑娘，有点小聪明，但贪婪又自私，每次有了吃的她都把哥哥小棕和弟弟小黑挤到一边，好让自己吃到最大最好的一份，为此没少挨妈妈的骂。她跟妈妈要了一所用卷心菜做墙的房子，这样就可以躺在房子里吃了。猪妈妈对两个孩子的选择感到失望，但还是满足了他们的要求。只有最小的小黑又聪明又勤快，他跟妈妈要了一座冬暖夏凉结实安全的砖房子。故事中的狐狸在推倒泥房子吃掉卷心菜房子以后并没有急着吃掉小棕和小白，而是把他们带回狐狸洞关了起来。机智的小黑干掉狐狸以后找到狐狸洞救出了哥哥姐姐。

朗氏的去暴力化还不够彻底，在如何对付狐狸这一点上他沿袭了海氏版对付大灰狼的法子——用壁炉上的火煮一锅开水，狼或狐狸顺烟囱爬进来的时候刚好掉进水里被烫死了。朗氏略微温情一点，狐狸死了小黑就走了。海氏则让小猪守在壁炉旁边把大灰狼煮成一锅美味的汤，当晚饭吃了。在描写这样一个毁童年的情节时，文字极其洗练——*"boiled him up, and ate him for supper, and lived happy ever afterwards"*（把他煮了，当晚饭吃了，从此过上了幸福的生活）——是不是冷静得近乎冷酷让人不敢细想？

早期版本为什么要这么写？海氏和雅氏在搜集整理童话这件事上都拿出了学者的严谨态度，故事是他们从民间采风而来，因此情节绝不会是他们二位编撰出来的。基本上可以肯定，煮狼汤吃狼肉就是当年的英国大妈们讲给孩子听的故事。海氏在第五版序言中说这些童谣和故事就是要让小读者自己读的，希望能用这些貌似荒诞的故事而不是成人的是非观念去开启孩子们的想象力。雅氏版在书末的作者介绍中说雅氏本人把这些故事念给他自己的三个孩子听过以检验故事是否适合孩子。经过如此严格的测试依然保留下来这些充斥着暴力的情节，可见当时人们对暴力的宽容乃是常态，或者说这些今天我们眼中不可接受的暴力在当年根本就不算个事。

如果我们用迪士尼的标准来审视格林童话、安徒生童话和中国的经典如《西游记》，披着正义外衣以锄强扶弱为名而行的暴力同样所在皆是。不用追溯到太早以前，我们小时候习以为常的三打白骨精、哪咤闹海、黑猫警长都充满了暴力情节，即使迪士尼早期的《米老鼠和唐老鸭》、米高梅出品的《猫和老鼠》中许多笑点都是建立在会被今天的老师和家长认为少儿不宜的暴力之上的。

那么，问题来了：究竟是今天的反暴力标准太过严苛还是人类千百年来的文化传统对于暴力太过宽容？这个问题我不想回答，也无法回答。聪明如你，该有自己的答案吧。

4.包容与纵容

童话故事删除涉嫌暴力的语言和情节，反映的是现实世界的反暴力趋势，这也符合人类文明在历史长河中的发展轨迹。文明与进步的另一面则是对弱势群体的包容。二战以后，由于全世界范围内的相对和平，加之社会财富以从未有过的速度增长，社会对弱势群体的关注也随之达到前人无法想象的高度。这是政治正确肇始的历史背景。

于是乎，曾经饱受多数人群歧视的少数人群所到之处从此充满了一片赞歌。投射到教育中，就是表扬与自我表扬取代批评与自我批评。孩子在某个方面做得不好，在现在的教育理念之下，我们不再是批评，而是找出他做得相对较好的一面来加以表扬。这样做的确有其积极的一面，能够增强孩子的自信心，激发每个个人最大程度地发展和发挥其潜能。但反过来讲，评价标准的多元化让许多事情变得不再黑白分明，价值观也会模糊。

我对玛氏绘制的这本识字读物《三只小猪》最大的不满就在于此。这个绘本里面盖草房子和木房子的小猪之所以选择稻草和木棍作为建材不是因为他们懒惰，而只是因为他们碰巧遇到了运稻草和砍木头的人。虽然类似的情节在海氏和雅氏经典版本中也出现过，但这个美国绘本的行文完全不同。

当第一只小猪遇到拉着满满一车稻草的人，他说"*Please can I buy your straw to build my house?*"（拜托我可以买下你的稻草来建房子吗？）。卖家也很开心——*The man was happy to sell his straw. He was tired of pulling his cart.*（那人很高兴可以卖掉他的稻草。他拉车已经拉得很累了。）

卖木棍给第二只小猪的人也同样高兴。

对前两只小猪，作者分别用一整页描写他们购买稻草和木棍的过程以及卖家的感激之情，而第三只小猪却没有这样的待遇，他得到砖头的过程只是一句话带过：*The third little pig found some bricks.*（第三只小猪找到了一些砖头。）

留意一下文字，前两只小猪的建材都是买来的，而且用"*Please can I*"

的问句，多么有礼貌。第三只小猪只是轻飘飘地 *found* 一些砖头。谁要说这字里行间没有作者的爱憎，打死我也不信。

这样的文字安排，读者完全感受不到对懒惰和短视的行为有任何批评。相反，完全因为自己的懒惰和愚蠢而沦为"弱势群体"的两只小猪毫无愧疚地、理所当然地接受了勤劳的第三只小猪的救助。故事在大灰狼被赶走以后嘎然而止，没有一个字提到小猪们是否在今后的生活中吸取了教训。按照正面引导的原则，全书当然不会对建草房子和木房子的小猪提出批评，但令人遗憾的是，书中也没有对付出辛勤劳动建造砖房子并为另外两只小猪提供无私帮助的第三只小猪有任何的褒扬之词。似乎一切都是命运的安排，草房子和木房子被大灰狼吹倒，两只小猪只是时运欠佳而已。

对《三只小猪》一百多年来的版本演变进行这样一个粗略的梳理，儿童文学去暴力化和价值中立的趋势清晰地呈现在我们眼前。对于前者，相信多数父母和教育工作者都持欢迎的态度。而对于后者，争议之声恐怕永不会停止。

但是，教育的问题从来都不只是教育本身的问题。如果我们从社会思潮的发展中去找原因，就不难发现，儿童文学的这两个趋势其实是一树之花同源之流。从 1960 年代开始，由欧美而逐渐影响及全球的自由主义思想就是这种趋势的源头。从推翻传统价值观这个角度来讲，前面提到的西氏和特氏两个颠覆版故事的源头也可以归到自由主义思潮。

问题又来了：做父母的究竟应该怎么对待这些走了形的童话故事呢？对此我还是不能回答，也不想回答。不过可以肯定的是，在我家小姑娘长到我认为合适的年纪以前，我不会再让她接触那两个颠覆版的故事了。

乌龙一个接一个

乌龙一个接一个，真叫人应接不暇。

2020 年 1 月 8 日，一架乌克兰航空公司的客机从伊朗首都德黑兰飞往乌克兰首都基辅，机上多数乘客将由此转机前往加拿大。起飞不久客机坠毁，163 名乘客和 9 名机组成员无一生还。两天后，伊朗方面承认该架客机是被伊军方"误射"导弹击中。在波诡云谲的国际形势大背景下，这个乌龙究竟因何而起，最后将如何收场，实在不是我辈所能洞察。

与以往许多不幸的事件相比，这次的灾难让人感到如此贴近。由于该航班的多数乘客最终目的地是加拿大，而我们生活的大多伦多地区正是伊朗裔汇集之所，连续几天下来，不断听到朋友的朋友熟人的熟人遇难。公司的网站上有一则消息，一位正在休产假的女员工与其丈夫和刚刚周岁的女儿在与伊朗的家人团聚之后搭乘这架班机返回加拿大，全家一起罹难。妻在附近一所小学的中国家长微信群中得知该校一名学生也在这架飞机上，学校正组织为同班的孩子进行心理辅导。我们一面心有戚戚，一面暗自庆幸女儿的学校没有发生同样的事情。要知道，她的几乎所有老师和一多半同学都是伊朗人。

周六，朋友打来电话，他们原定当天出发旅行，临上飞机才发现忘了办签证。匆匆之间只得改签机票，希望周一能够加急办理签证。听完他的电话，过了好一阵我才意识到我好像有同样的问题。两周以后我们要带女儿去迪斯尼庆祝她的 6 岁生日，可她的护照一个月前过期了。赶快上网看看办理护照的时间，还好，急件 9 个工作日内可以办好，星期一去办，刚好赶在出发之前能够拿到。要再晚一两天就得办特急件，费用得翻个倍，更惨的是要是临到上飞机才发现，那生日旅行就泡汤了。连忙从网上下载了申请表填好，带了小姑娘去拍照。

我："我下午得带你去 *Costco* 拍照。"

她："为什么？"

我："你的护照过期了。我们下周去迪斯尼，得赶快去给你办护照，不然我们没法坐飞机。"

她："去另外一个城市就得要护照吗？"

我："去另外一个国家才要护照。"

她："可是上次我们去纽约也要护照的。纽约是另外一个城市，也不是另外一个国家。"

我："纽约是美国的城市，所以我们要护照。下周我们去奥兰多也是在美国。"

她："哦。"

我："我得把你旧的护照也留着，你那上面的照片好可爱，那时候你还不到一岁，跟现在的样子不一样。我都忘了你那张照片是在哪儿拍的了，不是 *Costco*，因为 *Costco* 不给小 *baby* 拍照。"

她："为什么？"

我："拍护照的照片得坐得端端正正的，还得听拍照的叔叔说让你怎么做就得怎么做。小 *baby* 不会自己坐着也听不懂，所以只能在专门给小 *baby* 拍照的地方拍。"

她："那他们怎么拍？"

我："他们知道怎么把小 *baby* 扶起来坐好，坐好就得马上抢拍才能拍得出来。"

她："那我现在可以去 *Costco* 拍了吗？"

我："现在当然可以了。现在你长大了，可以自己坐可以听懂指令。"

她："那大人可以吗？"

我："可以。"

她："*Teenager* 呢？"（十几岁的孩子）

我："也可以。"

她："那些 *ten years old, eleven years old and twelve years old* 呢？"（十岁、十一岁、十二岁的孩子）

我："也可以。"

小姑娘思维缜密，看样子不会摆我这样的乌龙，至少一时半会儿还不会。

星期天一早，七点半不到，手机发出尖利的叫声——警报。这样的警报声有过不止一次了，都是小孩子失踪专用的安珀警报。睡眼惺忪，我迷迷糊糊地看了一眼，咦，居然不是安珀警报。多伦多附近的 *Pickering* 有一所安全运行已近 50 年的核电站，警报说核电站发生故障，但没有发生核泄漏，居民不必采取任何行动。这是一个什么警报啊？不必采取行动你给我发警报干嘛？没有泄漏，那是什么故障也不说明白。算了，继续睡。半小时以后又是一声尖叫——"核电站目前没有任何涉核问题。之前的警报是误报。公众和环境均无危险。不必采取任何行动。"星期天早上你把所有人吵醒，然后说警报发错了？

一整天，这事在微信和推特上的讨论不绝于屏。面对这个大乌龙，中英文社交媒体显然发生了分野，微信派说"你说的我不信"，推特派说"你说的我信，但你还得给我继续说"。

微信群里面典型的对话思路是这样的。甲转来官方消息说是乌龙。乙煞有介事地转来一个微信截屏，引用在核电站值班的华人工程师的消息："没事没事，昨晚我当值，一个备用电源有点问题，已经恢复了，按规定相关部门报备，估计是他们搞错了，按错键了（误发了警报）……没有问题"。然后丙冷冷地发言："多关注一下吧，官方的话不可信的。"好吧，大家都消息灵通，官方消息不可信，那我们该关注什么呢？

推特则是一片问责之声。这种事情也能搞错？警报系统不是天天测试吗？怎么会出这样的错？将来还会出别的错吗？省相关部门第一时间公开道歉了。网友不依不饶，*Pickering* 市长和多伦多市长也不依不饶，强烈要求继续检讨。

债多了不愁，虱子多了不痒。不过乌龙多了，我们还是得想想。

伊朗的乌龙，草芥之民如我再过几十年也未必知道那天晚上到底发生了什么，只能吃个瓜当当看客。对于孩子，父母能做的也许只有尽量给他们一个屏障让他们可以晚一点面对这个并非美好如童话的世界。一面挡，一面还得帮助他们建设一颗强大的心灵，到了挡不住的那一天，他们得学会面对。

护照的乌龙恰恰相反，完完全全在我们自己可以控制的范围内。也许是时候让小姑娘多掺和掺和家务事了，多个像她这样事事留心的小人儿给我们提个醒不是坏事，同时也让她多了解一点童话之外的世界。

警报的乌龙，社交媒体的反应给了我一个警示。今天的世界，"去中心化"越来越成为一个不可阻挡的趋势，小姑娘将来所要面对的世界只会更加纷繁复杂。信息的获取、观点的传播不再是问题，如何在过剩的信息中去芜存菁才是她必须要学习的技能。

不管怎样，愿逝者安息。

希望明天不再有乌龙！

www.ingramcontent.com/pod-product-compliance
Lightning Source LLC
LaVergne TN
LVHW040113180726
843489LV00005B/1386